QUI A PEUR DU PETIT MÉCHANT JUGE ?

DU MÊME AUTEUR

Au cœur de l'antiterrorisme, JC Lattès, 2011
Terroristes, Les 7 piliers de la déraison, JC Lattès, 2013

www.editions-jclattes.fr

PRÉFACE

Dans ce pauvre paysage, il n'y avait jamais de beau temps. Il y a même fort à parier, qu'ici-bas, il n'y aura jamais de printemps. À travers la nuit noire des temps, comme « le petit cheval » de Paul Fort, il lui a donc fallu bien du courage – tous derrière et lui devant –, pour tirer sa charrette surchargée à l'excès du poids des turpitudes et du malheur des hommes. Il n'avait, au demeurant, nullement la prétention d'éradiquer les premières et pas davantage celle d'abolir le second. Sa mission, bien plus modeste, était de les canaliser, de les acheminer vers le seul lieu d'exorcisme que les hommes ont été capables d'imaginer, le prétoire. Pompeusement appelé Palais…

Sous le poids de son immense fardeau, il avançait péniblement, arc-bouté sous les exigences de l'effort. Tant et si bien qu'il finit par paraître bien petit, voire rabougri, aux yeux de ceux qui le regardaient passer, parfois avec condescendance. En tout cas sans excès de considération pour l'extrême difficulté de sa tâche. La foule était prompte à stigmatiser la lenteur de sa progression, refusant de voir qu'il se mouvait dans les ornières boueuses de la société des hommes.

Le Petit Juge – puisque c'est de lui qu'il s'agit – était hébergé dans les combles du Palais, à l'abri des regards et loin des ors de la Cour. Chaque matin, il ne pouvait empêcher son regard de s'attarder sur la devise ornant le fronton de l'édifice. « Liberté », c'était un peu paradoxal, eu égard à son cœur de métier. « Égalité », devant la loi, ce n'était pas à tout coup gagné. « Fraternité », il faut savoir rêver pour essayer de s'élever… Le Petit Juge avait, à l'âme chevillée, la foi du charbonnier : il s'était épris de la princesse des lieux. Car un Palais sans princesse ne mérite plus son nom, ce n'est plus qu'un édifice. Sa princesse s'appelait Justice. Elle était belle et peut-être même inaccessible comme l'étoile du poète : « Peu m'importent mes chances, peu m'importe le temps ou ma désespérance. Et puis lutter toujours, sans question ni repos. Rêver un impossible rêve… »

Pour Elle, le Petit Juge se fit intrépide. À l'heure du berger au mépris du danger, il prit la passerelle pour aller mener ses investigations dans des champs laissés jusqu'alors en perpétuelle jachère par les hommes de loi, déclenchant bourrasques et vents mauvais. Dans son inlassable quête, la recherche de la vérité – laquelle est rarement prompte à se manifester spontanément –, il s'aperçut que la difficulté à distinguer le vrai du faux devenait extrême en ces temps nouveaux, où des esprits imaginatifs de la place Beauvau avaient inventé le concept du vrai-faux (passeport). « Poètes, vos papiers ! » nous avait pourtant prévenus Léo Ferré.

Les initiatives intempestives du Petit Juge suscitèrent alors chez les « puissants », peu habitués à se voir appliquer les rigueurs de la loi, de virulentes manifestations d'hostilité. Ces derniers considéraient qu'il avait eu grand tort de s'affranchir des règles – non écrites – du passé, celles qui le cantonnaient au châtiment des voleurs de poules et à celui des auteurs des beaux assassinats de la ruralité réhabilités par Tonton Georges précédé, lui aussi, de sa mauvaise réputation. Au Château, dans le plus grand secret, fut alors nourri un noir dessein : supprimer ce juge devenu encombrant, juge insuffisamment malléable. Le projet fit long feu. Les « petits pois », pour une fois unis et solidaires, résistèrent et parvinrent à sauver leur petite entreprise. À vrai dire le boulet rouge, en faisant fi du nécessaire maintien de la biodiversité, prêt à les réduire en une magistrale purée, ne passa pas loin... À suivre !

La vérité, on ne cessait de la lui assener, à ce Petit Juge taxé de méchanceté. Serment prêté, promis, juré, c'était forcément celle du Parquet... aux ordres. Ou, en écho, celle des avocats encartés... au Conseil de l'Ordre. À chacun donc sa vérité. Et sa mathématique, plus ou moins authentique, celle où deux demi-vérités assemblées finissent par faire un gros mensonge. Pieux si possible. Comme une vérité d'évangile…

C'était pourtant à lui de faire en sorte que, sous leur véritable jour, à contre-jour, émergent bon nombre de contrevérités présentées comme des certitudes affirmées. À lui de ne pas succomber aux vérités trop séduisantes, à celles par trop évidentes, les vérités absolues et leur essence, la vérité toute nue. Dont on ne sait toujours pas de quel côté des Pyrénées elle pourrait être localisée… Tout juste a-t-on appris, dans la difficulté, qu'elle ne sortait pas forcément, Outreau peu, de la bouche des enfants.

« En vérité je vous le dis », et là ça va partir en toupie, bien entendu sous forme d'allégorie, la vérité, « le Petit Juge » fourbu mais pas découragé, Marc Trévidic, pendant de longues années, l'a pourchassée – elle est en marche –, approchée – elle est fuyante – et finalement l'a vue : un miroir à la main, Elle sortait, féminine et nue, de la nuit et plus précisément d'un puits. De science pour la vérité scientifique. Sans fond, et ça ne date pas d'hier, pour la vérité judiciaire. Misère, misère !

Gilbert Thiel

AVERTISSEMENT AU LECTEUR

Ce livre est un essai. Pourtant, certains des personnages ne sont pas réels. Les personnages de fiction ont bien le droit, de temps en temps, de sortir de la prison où le roman les retient pour traverser les quelques pages d'un essai.

LE PETIT MÉCHANT JUGE est le personnage principal mais il n'est pas un héros. Les héros n'existent que dans les romans. Si un héros s'aventure dans un essai, il devient tout au plus un personnage historique. Le Petit Méchant Juge n'est pas un juge en particulier. Il est l'amalgame de tous les juges d'instruction, bons ou mauvais, avec leurs qualités et leurs défauts. Imaginez un shaker dans lequel vous versez Thierry Jean-Pierre de l'affaire Urba, Éric Halphen et son dossier des HLM de la ville de Paris, Renaud Van Ruymbeke pour l'ensemble de son œuvre, Jean-Michel Lambert et l'assassinat du petit Grégory, Fabrice Burgaud et les méandres d'Outreau, ainsi que tous les juges d'instruction du présent et du passé. Vous secouez bien fort et vous obtenez le Petit Méchant Juge, dernier stade de l'évolution d'un juge dont nous savons, grâce à Darwin, qu'il descend du singe savant. Parvenu à son état actuel de Petit Méchant Juge, il est torturé par son impuissance. Il voudrait que la justice soit égale pour tous mais ne voit vraiment pas comment faire.

Le Patron est également un personnage de fiction. Il n'est pas un roi, pas un président, pas un ministre. Il est bien plus que cela. Il est le ciment qui permet aux briques de tenir. Ce ne sont pas les titres qui lui manquent, mais tout le monde l'appelle Patron. Sans doute parce qu'il est le guide, celui qui dirige et organise l'entreprise du pouvoir. Cependant, il ne détient pas le pouvoir. Ce sont les actionnaires qui le détiennent. La fonction du Patron est toutefois essentielle : maintenir l'ordre établi. Et il connaît le seul point sur lequel les puissants s'accordent au-delà de leurs luttes intestines. Leur accord tacite repose sur une volonté de maintenir leurs privilèges, quel que soit le régime en place et la forme du gouvernement. Ils ne veulent pas seulement demeurer dans la sphère du pouvoir. Ils veulent également que personne d'autre n'y entre. Car le pouvoir, et les privilèges qui en sont la parure, sont contenus dans une seule et unique sphère, une grande bulle qui, à certaines époques, grossit à vue d'œil. Le Patron veille à ce qu'elle n'implose pas.

ELLE a des visages multiples car Elle est ce qu'on en fait. Il faut encore croire à quelque chose pour comprendre qui Elle est et lui pardonner ses excès. Mais parce qu'on ne la voit jamais, on risque de ne plus y croire.

LE DOCTEUR BLEULER est un descendant d'Eugen Bleuler, psychiatre suisse né en 1857, mort en 1939, et célèbre pour son travail sur la schizophrénie.

LE VICOMTE : Vous découvrirez facilement son identité. Ce n'est pas moi qui l'ai choisi pour défendre la vie et l'honneur du Petit Méchant Juge. C'est lui qui a insisté. Disons qu'il s'est imposé de lui-même. Il a connu tellement de régimes politiques, côtoyé tant de puissants qu'il sait à quel point un pouvoir sans contrôle est une calamité. Je pense que la dimension romanesque du Petit Méchant Juge lui a plu, tout comme l'impression, peut-être, de défendre une cause perdue.

L'ANCIEN PRÉSIDENT QUI VOULAIT LE REDEVENIR : Entouré de ses deux conseillers, il veut la mort du Petit Méchant Juge. Il est vrai que le Petit Méchant Juge n'est pas très gentil avec lui.

CÉCILE RENAULT est un personnage réel qui pourrait figurer dans un roman. Fille d'un papetier de Paris, elle vivait une vie ordinaire. Ce qu'elle fit le 22 mai 1794, à l'âge de vingt ans, est comparable au geste de l'étudiant chinois de la place Tiananmen.

LES PETITS COCHONS : Dans la fable d'origine et même dans ses versions ultérieures, les Trois Petits Cochons n'ont pas de nom. Ils sont les Trois Petits Cochons, un point c'est tout. Ils représentent le peuple anonyme.

PROLOGUE

Au commencement, il y eut la pierre brute et le bois, agrémentés d'un soupçon de ferronnerie. Les Petits Cochons avaient travaillé durement pour construire le Château et même si, corvée après corvée, ils devaient l'entretenir, celui-ci était leur seule protection. Au fil du temps, le Château se métamorphosa. Les fondations demeuraient intactes, témoins des années de labeur, mais le Château embellissait sans cesse. Les ardoises d'Angers remplacèrent les tuiles. Le granite anthracite disparut au profit du marbre des Pyrénées, qui céda la place au marbre de Carrare puis au marbre rouge de Vérone. Des feuilles d'or recouvrirent les ferronneries. Le cuivre, le plomb, le quartz et l'onyx firent leur apparition. Des blocs de calcaire de Saint-Leu, du grès granuleux ou des agates bleues de Sicile transformèrent peu à peu le modeste château médiéval en un château de pierre et d'or.

Cette transformation ne fut pas sans conséquences. Plus aucun Petit Cochon ne croyait que ce château des mille et une nuits puisse le protéger de qui que ce soit. Le Château avait perdu son utilité, sa justification. Si les Petits Cochons ne nettoyaient plus les douves ni ne renforçaient le pont-levis, tous payaient des impôts élevés et vivaient, pour la plupart, dans des maisons de paille. Ceux qui étaient parvenus à les quitter pour des maisons de bois payaient encore plus de taxes, tout en aspirant à devenir des hôtes du Château. Mais comme bien peu y parvenaient, l'espérance se transforma en envie. Dans le Château, les fêtes succédaient aux fêtes et cela coûtait beaucoup d'argent. Les hôtes du Château étaient aveugles et sourds. L'histoire s'accéléra. En une année à peine, les mots murmurés avec prudence devinrent des doléances, les doléances devinrent des remontrances, les remontrances devinrent de la haine en fusion, et la haine en fusion se déversa sur le Château.

À l'intérieur, personne ne comprit ce qui se passait, pas même le Patron. À l'époque, on ne l'appelait pas ainsi. Il était le Maître des privilèges, mais un Maître impuissant et dépassé. Le Château fut attaqué, pris et démoli. La destruction dura trois années pleines. Il y avait tant de choses à brûler, à démonter, à arracher. Les fondations, de temps immémoriaux, furent les derniers vestiges. Petit à petit, les blocs imposants disparurent pour laisser place à des terres de labour. C'en était fini du Château de pierre.

C'en était fini sous cette forme. Soixante-six jours et six heures après que la dernière pierre du Château avait été traînée sur l'herbe fraîche jusqu'à la cabane d'un maçon de la République naissante, un individu insolite se présenta devant le Représentant en mission de la Convention. Personne ne savait d'où il venait. Personne ne l'avait jamais vu. Le Représentant qui l'interrogea se montra méfiant. L'inconnu voulait racheter les terres confisquées par la Révolution sur lesquelles le Château de pierre s'était dressé des siècles durant, symbole de l'oppression du peuple. Son allure était aussi étrange que sa requête. Il était mince et musclé. Les traits de son visage semblaient taillés au couteau. Quel âge pouvait-il avoir ? Peut-être la quarantaine. Il mesurait au bas mot un mètre quatre-vingts, taille inhabituelle à l'époque, et portait une chemise rehaussée, sur le liséré du col, de traits rouge écarlate. De fins rubans, rouges eux aussi, ornaient l'extrémité de ses manches. Son manteau noir était agrémenté de boutons de nacre et, sur les poches, de dorures à la forme cylindrique. Ces marques discrètes de distinction donnaient à l'inconnu l'allure d'un moine raffiné ou d'un noble d'autrefois, en tenue décontractée. La première question du Représentant du peuple fut de s'assurer qu'il n'était ni l'un ni l'autre :

— Quel est ton nom, étranger ?

— Je n'ai pas de nom ou alors j'ai celui que tu veux. En revanche, j'ai beaucoup d'écus. Pas de ceux qui se mettent sur un blason mais plutôt dans la bourse.

Le Représentant ne fut pas impressionné par le ton martial de l'étranger.

— Qui me prouve que tu n'es pas un noble de retour d'exil et qui m'empêche de faire saisir tes écus ?

— Tu ne sais pas où ils se trouvent. Bien sûr, tu peux m'arrêter. Et après ?

Le Représentant regarda attentivement l'inconnu, espérant sonder ses pensées. Mais il ne put supporter son regard. Les yeux de l'inconnu projetaient des feux qui faisaient baisser les yeux. Il réfléchit et résolut d'accepter sa proposition, prendre ses écus dont la Révolution avait tant besoin, puis le jeter en prison et lui couper la tête le plus rapidement possible. Ses yeux ne brilleraient plus lorsque sa tête sécherait dans le panier. L'étranger, cependant, semblait avoir deviné les pensées du Représentant de la Convention.

— Il va de soi que le paiement se fera annuellement, par rentes égales étalées sur quinze ans.

— Sur quinze ans ! C'est hors de question, répondit le Représentant.

La suite de la discussion tourna autour de l'étalement du paiement. Le Représentant avait compris qu'il avait temporairement perdu la partie. L'adversaire était coriace. La guerre menaçait la République et tout argent était bon à prendre, surtout des écus. Le Représentant exigea un paiement sur cinq ans. L'inconnu voulait un échéancier sur quinze ans. Ils tombèrent d'accord pour une durée de dix ans. Ce n'était que partie remise, songea le Représentant. La tête de l'inconnu tomberait dans dix ans. C'était sauter pour mieux rouler. La République était là pour durer. Pourtant, ce fut l'inconnu qui parut le plus satisfait. Dans son sourire perçait une pointe de mépris. Il offrit dix pour cent de plus que la somme demandée : le surplus, ajouta-t-il avec condescendance, était destiné aux bonnes œuvres de la République.

Avec cet argent, la République acheta des canons, des fusils, des guillotines, mais rien à manger. L'inconnu n'aurait pas mieux disposé de ses écus, néanmoins il restait sous le regard menaçant des nouveaux gouvernants. Pour l'heure, se dit-il, ils ne sont pas perméables aux privilèges. Cela viendra très vite, quand le goût du sang se sera atténué et que leurs papilles retrouveront la saveur incomparable d'un bon bourgogne et d'un coq au vin. Dans l'attente de ce retour de fortune, l'inconnu sut s'y prendre avec les Petits Cochons. Il donna du travail à tout le village. Il payait bien, avait toujours une parole aimable, ne se comportait pas comme un noble arrogant. Il avait retenu la leçon. À la place du Château de pierre et d'or, il ne construirait rien d'ostentatoire. Il ne provoquerait ni l'envie ni la haine. Il bâtirait un Château de brique. Les briques étaient solides, épaisses et rouges. Personne n'avait jamais rien construit de tel. Peu à peu, les gardiens de la Révolution ne prêtèrent plus attention à cet original qui dépensait son argent pour une bâtisse aussi laide que colossale. Les paysans, cependant, ne furent employés qu'à la construction de l'édifice. Aucun n'œuvra à la décoration intérieure. Ces travaux-là ne débutèrent que sous le Directoire, très progressivement, car l'étranger voulait s'assurer que le retour à l'ordre naturel était irréversible.

Pour l'aider dans sa tâche, il fit revenir des bannis, d'anciens puissants qui avaient tout perdu et avaient à cœur de retrouver leurs fastes d'antan. Et ils se mirent à l'ouvrage avec l'énergie de l'espoir retrouvé. Autant l'extérieur du Château ne payait pas de mine, autant l'intérieur devint somptueux. Des fontaines trônaient au centre de jardins ombragés. La grande salle put bientôt accueillir quatre cents invités. Des tapisseries murales réchauffaient l'atmosphère. De grandes cheminées permettaient de rôtir des cochons entiers. Les plafonds furent peints par les plus grands artistes. Les chambres se voulaient spacieuses et raffinées. Les latrines étaient privatives et la cuisine pavée de marbre blanc. Les poignées des portes n'étaient pas en or ou en argent mais en ivoire. Des bois précieux donnaient une touche exotique à l'ensemble. À l'extérieur, personne n'en savait rien, excepté les invités du Château qui restaient discrets. Leur nombre augmenta à mesure que le Consulat puis l'Empire restaurèrent les fastes de l'Ancien Régime. Certains invités devinrent des hôtes permanents. La vie du Château de brique reprit son cours. Elle ressemblait à celle du Château de pierre et d'or. Mais l'étranger veillait à ce que les errements passés ne se reproduisent plus. La magnificence se concentrait à l'intérieur du Château. À l'extérieur, retenue et décence étaient de mise. L'on pouvait montrer que l'on était bien né, mais sans excès.

Les années passèrent. Des générations s'éteignirent. Des révolutions et des guerres se succédèrent à un rythme soutenu. Le Château était toujours là. Apparemment, le peuple ne vivait plus dans des maisons de paille. En réalité, la paille avait été comprimée entre deux planches très fines. Les maisons étaient construites en panneaux de placo-paille. Sous prétexte d'un loyer modéré, l'on y entassait, comme des petits cochons dans une porcherie industrielle, les anciens paysans en voie de reconversion. Ces panneaux ne retenaient ni les bruits ni les odeurs, ni la chaleur ni la fraîcheur. On pouvait les traverser d'un coup de poing. La paille agglomérée ne résistait à rien mais faisait plus propre que la paille ordinaire.

Le monde, toutefois, ne se résumait pas au Château de brique et aux maisons de paille. Les maisons de bois s'étaient multipliées. Elles abritaient ceux qui avaient réussi sans pour autant avoir leurs entrées au Château de brique. Principalement des bourgeois, mais aussi une nouvelle catégorie de citoyens soucieux de vivre cachés pour vivre heureux. Les organisations criminelles avaient en effet adopté une stratégie de camouflage. Le bois était le matériau le plus noble. Chaud, réconfortant et solide, il n'était pas ostentatoire et convenait parfaitement aux mafieux soucieux de se fondre dans la masse des citoyens aisés. Il permettait, sous couvert de respectabilité, les premières approches en direction des hôtes les moins farouches du Château de brique. Le matériau idéal pour se protéger de la Justice, en somme. Car comment reconnaître une maison de bois mafieuse au milieu de toutes les maisons de bois des gens honnêtes? C'était l'arbre caché par la forêt, sur lequel il serait difficile de souffler.

CHAPITRE PREMIER

Le Patron avait longtemps travaillé dans l'ombre, avec patience et détermination, pour construire une société solide fondée sur les différences de classes et les privilèges. Il y avait toujours eu des riches et des pauvres, des puissants et des faibles La vocation du Patron, cependant, allait bien au-delà de la loi du plus fort. Il voulait pérenniser le système, le rendre viable à jamais.

Or l'éclatement des privilèges constituait le point faible de l'édifice. Au cours du Moyen Âge, les privilèges, appelés alors *leges privatae*, s'étaient multipliés. Chaque ville, chaque communauté, chaque corporation, chaque province bénéficiait d'une loi particulière. Dans un tel maquis de règles dérogatoires et de niches fiscales, le Patron n'avait aucun espoir de mener sa tâche à bien. Sa mission consistait à bâtir un Château de pierre symbole de la grandeur et de la puissance de l'ordre établi, qui conserverait les privilèges à l'abri de ses murs épais. Pour cela, un contrôle strict était indispensable. Il avait réussi à en convaincre Charles VII puis Louis XI. Ce furent les Rois de la maison de Valois qui, au XVe siècle, officialisèrent sa fonction. Les titres qu'ils lui octroyèrent furent le reflet de sa montée en puissance. Louis XI le nomma tout d'abord « Grand scribe des patentes ». Sous prétexte d'inventorier et de codifier l'ensemble des privilèges du Royaume, le Patron s'attacha à en supprimer, et en particulier les patentes provinciales. En limiter le nombre était la seule façon de protéger durablement ceux qui devaient l'être.

Louis XI et le Patron partageaient un intérêt commun. Pour le Roi, il s'agissait d'affirmer son pouvoir en prenant le contrôle du système d'octroi des privilèges. Pour le Patron, la création d'un État fort et centralisé garantissait la préservation des privilèges pour les siècles à venir. Cette alliance se consolida sous les premiers Rois bourbons qui, tour à tour, accordèrent au Patron un nouveau titre. Le « Grand Scribe des patentes » devint ainsi le « Gardien de l'ordre établi », le « Serviteur de la tradition immuable » puis le « Grand Maître des privilèges ». Ce dernier titre lui fut donné par le Roi-Soleil, ainsi que celui « d'Ordonnateur des Cérémonies et de l'Étiquette ».

Ce dernier, à la même époque, se mit à douter du devenir de la Monarchie. Louis XIV en faisait un peu trop, ce qui n'empêcha pas le Patron de s'endormir sur ses lauriers. Le Château était plus resplendissant que jamais, la cuisine excellente, les jardins étaient superbes, la musique ô combien divine et c'était grâce à lui. Il avait bien le droit de se reposer.

Funeste erreur ! Une faute professionnelle manifeste qu'il ne se pardonna jamais. La Révolution de 1789 fut une leçon impitoyable. Comment n'avait-il rien vu venir ? Était-ce dû au train-train quotidien, à la force des habitudes, aux canapés trop confortables et aux vins trop capiteux ? Avait-il pu réfléchir au milieu de cette musique céleste, de ces ballets incessants et de ces pièces de théâtre qui envoûtaient chaque nuit ?

Après avoir durement accusé le coup, le Patron décida de se remettre à l'ouvrage et construisit le Château de brique. Combien d'années pensa-t-il être sur la bonne voie et avoir trouvé l'équilibre idéal ? Les hôtes du Château de brique se tenaient mieux, respectaient leur rang et ne faisaient pas de mésalliance. Ils savaient reconnaître la vertu et la récompenser. Les classes sociales étaient totalement étanches mais personne n'y trouvait à redire. L'ordre régnait.

Et puis les hôtes du Château ne furent plus les mêmes. Il n'y avait plus de rois, d'archevêques, de maréchaux et de barons d'Empire, presque plus de comtes ou de vicomtes. Des personnages insaisissables les remplacèrent, qui semblaient plus puissants que les détenteurs officiels du pouvoir politique. Ces hôtes de la seconde génération, capitaines d'industrie, grands argentiers et dirigeants de multinationales, résidaient au Château mais étaient invités constamment dans des Châteaux étrangers. Ils multipliaient en retour les invitations au Château de brique, imités en cela par les hôtes politiques. Le Château devenait un moulin : on y entrait, on en sortait à volonté. Les limousines, coupés sport et autres bolides rutilants formaient un bal incessant à ses portes. Ils avaient remplacé les chaises à porteurs et les carrosses dorés.

Si les hôtes du Château constituaient un ensemble de plus en plus hétéroclite, les invités, eux, venaient de n'importe où. Des stars du show business et des sportifs décorés côtoyaient de grands avocats, quelques hauts fonctionnaires dont quelques magistrats, des hommes d'affaires douteux, des intermédiaires et consultants en tout genre, de puissants étrangers vêtus de blanc, porteurs d'offrandes variées et de promesses d'investissements, et une poignée de journalistes accrédités.

De temps en temps, des Petits Cochons étaient invités. Ils vivaient dans des maisons de paille mais s'étaient fait remarquer par leur qualités inhabituelles, la longueur de leurs études, l'inventivité de leur projet et surtout leur capacité à faire croire aux autres Petits Cochons que tout était possible, y compris d'être invité au Château. Sous le regard perplexe du Patron, un ancien Président étrenna la formule en conviant dans l'annexe principale du Château, le 24 décembre 1974, quatre Petits Cochons éboueurs pour le petit déjeuner. Le chef de cabinet descendit prévenir les policiers en faction d'arrêter la voiture-poubelle quand elle se présenterait à leur hauteur. S'y trouvaient un Français, un Sénégalais et deux Maliens. Les policiers crurent tout d'abord qu'il s'agissait de contrôler leur titre de séjour, s'étant mépris sur le sens du verbe « arrêter ». Heureusement, le chef de cabinet veillait au grain. Il récupéra les Petits Cochons et leur expliqua longuement le protocole des petits déjeuners présidentiels. Il ne parvint cependant pas à convaincre les Petits Cochons maliens de retirer leur passe-montagne en cet hiver rigoureux, qui restèrent donc emmitouflés et silencieux. Heureusement le Français et le Sénégalais se montrèrent plus loquaces. Le Président leur posa de nombreuses questions sur leur travail, ponctuant chacune de leurs réponses de mots choisis avec soin : « Fascinant ! Remarquable ! Incroyable ! » Quand vint le moment des adieux, il fut donné à chaque invité un colis de victuailles pour fêter Noël. De mauvaises langues ont prétendu que ce colis comportait une bouteille de cognac. Le Petit Cochon sénégalais en fit même l'aveu devant les caméras, malgré le démenti formel du chef de cabinet. La délicate question de l'introduction de boissons alcoolisées dans les paquets-cadeaux présidentiels s'était en tout cas posée lors de leur confection. Certains conseillers avaient jugé impossible qu'un Petit Cochon soit musulman. D'autres avaient au contraire affirmé, statistiques à l'appui, que la population du Sénégal et plus encore celle du Mali comprenaient de nombreux musulmans. Or, avait souligné le conseiller diplomatique, non seulement les musulmans ne buvaient pas d'alcool, mais ils ne fêtaient même pas Noël.

Après le succès très mitigé de cette grande première, l'idée de l'invitation au Château ne fut reprise que bien plus tard. Le peuple supportait de moins en moins la démagogie trop apparente et mettre en scène un contraste saisissant entre la vie de Château et celle de Petit Cochon était contre-productif. Pour être invité au Château, il fallait le mériter d'une manière ou d'une autre. Chaque année, à l'occasion d'une Garden party, un quota de dix pour cent des invitations fut réservé aux Petits Cochons des maisons de paille. La liste des élus était soigneusement établie. Il était indispensable d'en avoir des deux sexes, de tout âge et de toutes les couleurs. Il fallait également s'assurer de la présence d'au moins un tiers de Petits Cochons immigrés, bien intégrés et désireux d'exprimer devant les caméras leur grande reconnaissance envers le pays en général et le Château en particulier. Le Patron regardait d'un œil favorable et amusé cette journée porte ouverte où le champagne coulait à flots, y compris pour les Petits Cochons sélectionnés. Il entendait des hôtes prestigieux du Château parler de liberté, d'égalité et de fraternité, puis du cours de la bourse, de la prochaine délocalisation, de l'inévitable contraction du personnel, mais aussi des résultats exceptionnels de l'année écoulée, de la satisfaction des actionnaires, de leurs dividendes en hausse constante et du bonus accordé en retour, du voyage projeté au Kenya avec la famille au grand complet pour fêter ça. Le Patron n'y trouvait rien à redire, même s'il fit remarquer à plusieurs reprises au Président à l'origine de cette idée de déjeuner bucolique que le choix de la date du 14 juillet lui paraissait de mauvais goût.

Ce que le Patron ne supportait pas, en revanche, c'était d'apercevoir parmi les invités réguliers du Château des escrocs, parvenus et autres margoulins bien connus, quoique présumés innocents. Avec de telles fréquentations, il n'était guère étonnant que certains hôtes renouvellent les errements passés. Ces dernières années, les mauvais pas, les indélicatesses avec la loi et parfois même des crimes sordides s'étaient succédé à un rythme soutenu et avaient, de près ou de loin, impliqué des hôtes du Château ou leurs invités. Pour lutter contre cette déliquescence des mœurs, le Patron ne savait pas sur qui s'appuyer et ses pouvoirs restaient très limités. Il était le gardien du Château, responsable de sa pérennité, mais avait pour seules armes son prestige et sa force de conviction. Sa puissance et son existence même dépendaient du respect que les hôtes lui accordaient. Or, au cours des trente dernières années, il avait senti naître peu à peu une contestation de sa légitimité. De surcroît, les hôtes les plus puissants avaient tendance à adopter à son égard des manières très déplacées. Récemment, le patron d'une holding regroupant la plupart des sociétés de produits de luxe s'était permis de le tutoyer. Ce comportement familier s'était accompagné de menaces à peine voilées. Si on ne lui accordait pas certains privilèges fiscaux, il était prêt à s'installer dans un Château plus accueillant à l'étranger. Le PDG d'une puissante société pétrolière avait de même pris la fâcheuse habitude de lui poser la main sur l'épaule en faisant des allusions aux énergies nouvelles qui nécessitaient de creuser des trous un peu partout. Et puis il y avait tous ceux qui ignoraient totalement ses conseils et les règles de vie du Château. Au-dehors, ils étalaient des richesses de plus en plus insolentes. Dans le Château, ils faisaient du bruit toute la nuit, invitaient des prostituées, claquaient les portes sans ménagement, laissaient les lumières allumées, écrasaient leurs cigares n'importe où. Et que dire de l'état dans lequel ils laissaient les toilettes !

Le Patron avait beau eu les prévenir qu'ils sciaient la branche sur laquelle ils étaient assis, ils ne voulaient rien entendre. Les choses, pensaient-ils, dureraient ainsi jusqu'à la fin des temps.

Plusieurs hôtes n'étaient pas de cet avis et prônaient des mesures radicales contre la corruption. Ils sentaient venir le danger et la nécessité de moraliser radicalement les mœurs du Château. Le Patron les trouvait sympathiques mais un peu excités. Pour sa part, il voulait seulement sauvegarder le système, ce qui impliquait, aujourd'hui comme hier, de contenir les puissants dans des limites raisonnables, de ne pas afficher les richesses comme autant de signes de mépris pour les manants des maisons de paille et de bois. Le travail du Patron était de maintenir l'ordre établi, ce qui impliquait de contrôler les excès, d'où qu'ils viennent. Il croyait en la valeur de l'exemple. On pouvait rouler en Porsche à condition de s'arrêter au feu rouge. On pouvait porter des diamants si l'on savait sourire aux gens du peuple, se laisser admirer et poser pour des magazines people qui faisaient rêver les Petits Cochons. Au besoin, il fallait être capable de mettre la main à la pâte, d'aider à la construction de nouvelles maisons de paille quand une tempête avait emporté les anciennes. Il fallait compatir au malheur des Petits Cochons des maisons de paille et savoir convaincre les Petits Cochons des maisons de bois de participer à l'effort national, c'est-à-dire payer toujours plus d'impôts pour reconstruire les maisons de paille.

Sous l'Ancien Régime, et de nouveau à partir du Directoire, le Patron avait toujours pu s'appuyer sur la Justice, garante elle aussi de l'ordre établi. C'est elle qui soufflait sur les maisons de paille quand cela s'avérait nécessaire. C'est elle aussi qui soufflait sur les maisons de bois dans lesquelles les organisations criminelles avaient trouvé refuge. La lutte contre le crime avait toujours passionné le Patron. Une société ne pouvait prospérer quand le crime était trop présent et surtout trop visible. Or il était indispensable que la société prospère, que les richesses s'accumulent, afin que le Château de brique s'agrandisse et s'embellisse. L'équilibre était difficile à maintenir.

Si le Patron l'avait maintenu pendant plus de deux cents ans, depuis la Grande Catastrophe, aujourd'hui, cela devenait très ardu. C'était évidemment la faute de certains hôtes du Château, mais également celle du Petit Méchant Juge. Dieu sait que le Patron l'avait protégé et aimé, ce juge enquêteur de la Royauté, de l'Empire puis de la République, avant qu'il ne devienne le Petit Méchant Juge – le PMJ, comme la presse l'appelait. Il l'avait aimé, ce juge laborieux, insatisfait, inquisiteur à l'excès. Il avait aimé son côté baroudeur et infatigable, lui qui se transportait sur les lieux des crimes de jour comme de nuit, qu'il pleuve, qu'il vente ou qu'il neige. Mais lui avait-il été fidèle ? Lui avait-il été reconnaissant ? L'avait-il bien servi ? Il s'était trompé souvent, mais ses erreurs n'avaient soufflé que des maisons de paille, parfois une maison de bois de-ci, de-là, rien qui prête à conséquence. Son nom avait changé au fils des siècles : lieutenant criminel, directeur du jury, juge d'instruction et maintenant Petit Méchant Juge. Pour quelle raison le PMJ s'était-il désintéressé de son gibier habituel, les Petits Cochons des maisons de paille ? Pour quelle raison, alors même que le Patron souhaitait, pour le bien du pays, qu'il concentre ses efforts sur les maisons de bois punaisées, avait-il décidé de s'en prendre au Château ? Le Patron connaissait la réponse. Ces dernières années, le PMJ avait concentré ses efforts sur la criminalité organisée. Dès lors, il ne pouvait que s'intéresser aux hôtes du Château acoquinés avec les organisations criminelles tapies dans les maisons de bois. Au fond, le PMJ faisait ce pour quoi il était entraîné, programmé, conçu. C'était compréhensible mais dangereux.

CHAPITRE DEUX

Le docteur Bleuler avait vu passer dans son cabinet de nombreux hôtes du Château de brique. Dans l'ensemble, il avait été déçu. C'était toujours la même chose, beaucoup d'hommes et quelques femmes atteints d'anhédonie[1] à force de tout posséder. Certains avaient fait preuve d'originalité, comme ce Président qui trouvait que le pays qu'il dirigeait était trop petit, ou encore ce dirigeant d'une multinationale qui voyait des complots partout et faisait liquider un à un ses principaux collaborateurs… au cas où. La réputation de son cabinet en faisait malheureusement une antichambre du Château de brique et, pour cette raison, le docteur Bleuler trouvait insolite que le Petit

1. Insensibilité au plaisir, incapacité à ressentir des émotions positives, plus connue sous le nom de syndrome de Droopy.

Méchant Juge vienne le consulter. Son intérêt en fut redoublé. Pourquoi le PMJ venait-il aujourd'hui, après tant d'années de puissance et de souffrance ? Le PMJ avait été le bras armé du pouvoir royal, l'exécuteur des basses œuvres de la Révolution, le serviteur du retour de l'ordre public sous l'Empire, le défenseur d'une République de castes à partir de la seconde moitié du XIXe siècle jusqu'aux années 1970. Il avait toujours soufflé où on lui disait de souffler. Celui qu'on avait appelé l'homme le plus puissant de France, puis l'homme le plus dangereux de France, avait ensuite été affublé du surnom de petit juge et avait fini par s'en accommoder, voire s'en enorgueillir. Il avait été loué, conspué, avili, rehaussé, traîné plus bas que terre, menacé de disparition puis réhabilité. Et il était toujours là, sous sa forme de PMJ, la plus détestée par les puissants et la plus appréciée par les Petits Cochons, ceux-là mêmes qui avaient tant souffert et souffraient parfois encore de son souffle irréfléchi et pulsionnel.

Aujourd'hui, le PMJ patientait dans la salle d'attente du cabinet du docteur Bleuler.

Ce dernier le fit entrer dans son bureau de consultation. Le PMJ s'installa dans un fauteuil Voltaire. Le docteur ne dit rien. Il ne prenait jamais la parole en premier, préférant laisser l'initiative à son patient. La façon dont celui-ci présentait les raisons de sa venue, sans y être aucunement aidé, était toujours instructive. En attendant que le patient se décide, il l'observait attentivement.

Le PMJ ne payait pas de mine. Il aurait pu mettre un costume-cravate, pour habiter son personnage. Au lieu de cela, il portait un polo Lacoste blanc et un Levis délavé. Rien d'ostentatoire. Rien de révélateur de sa fonction, si ce n'est son air grave et pensif.

Le PMJ comprit, après deux ou trois minutes, que c'était à lui de commencer.

— Bonjour, docteur. Je pense que vous savez qui je suis. Sachez tout d'abord que je n'aurais jamais imaginé venir vous voir un jour. Mais les années ont passé et la République ne ressemble plus à rien. Et puis surtout, il y a quelque temps, un hôte très important du Château de brique a déclaré que j'étais schizophrène. Au début, j'ai pris cette accusation à la légère. Après tout, ce personnage ne m'aimait pas. Ce n'était pas la première fois qu'il s'en prenait à la Justice en général et à moi en particulier.

— On peut même dire qu'il était multirécidiviste en la matière, souligna le docteur.

— C'est amusant, votre réflexion me rappelle quelque chose. Quoi qu'il en soit, j'ai réfléchi et je me suis demandé s'il n'y avait pas une part de vérité dans ces propos. Il est vrai que cette accusation de schizophrénie n'est pas neuve, mais à l'époque j'étais en pleine lutte pour la survie et je n'avais pas le temps de réfléchir sur moi-même. Voilà pourquoi je ne viens vous consulter qu'aujourd'hui. Je voudrais me connaître un peu mieux. Je voudrais surtout savoir si je suis dangereux, si je sers à quelque chose, si je dois disparaître, m'effacer, ou si je dois résister, demeurer à mon poste. Depuis si longtemps, on m'accuse d'être à la fois Maigret et Salomon, d'être le Janus de la magistrature, d'être un fléau ou, au mieux, un mal nécessaire. On me transforme, on m'affaiblit, on me renforce, puis on m'affaiblit de nouveau. On me rend détestable, puis l'on me rend indispensable. On se sert de moi mais parfois on le regrette. Je ne sais plus où j'en suis. On m'a qualifié de juge rouge parce que j'avais osé, en 1972, mettre un notaire de Bruay-en-Artois en prison. À l'époque, ça ne se faisait pas. La question n'était pas de savoir si le notaire était coupable mais si un juge d'instruction pouvait mettre un notaire en prison. Depuis, de l'eau a coulé sous les ponts. Des ministres sont allés en prison et même des dirigeants de grandes entreprises. Au début, bien sûr, les hôtes du Château ont bien rigolé en me voyant m'époumoner. J'étais effectivement pitoyable. D'ailleurs, j'en profite pour rétablir une vérité. L'appellation de « juge rouge » n'est pas venue de mes convictions politiques. Je n'en ai aucune, pour la simple et bonne raison que je suis multiple. J'ai d'ailleurs commencé à souffler sur le Château de brique à la fin des années 1980, à l'occasion d'une affaire de financement des campagnes électorales du Parti socialiste. Des bureaux d'études prélevaient un pourcentage sur les marchés publics grâce à un système de fausses factures. Non, la vérité est plus simple que cela. J'ai été appelé le « juge rouge » parce que je devenais cramoisi à force de souffler comme un damné sur le Château de brique. À l'époque, mon souffle ne les empêchait même pas de dormir. Puis on m'a appelé le « Petit Juge ». C'était évidemment une formule méprisante créée par les hôtes du Château de brique. Ils voulaient afficher leur grandeur en soulignant ma petitesse. Il est vrai que je roulais en Renault 5. Néanmoins, me qualifier ainsi a été leur pire erreur. Ce n'est pas seulement le fait de mépriser l'adversaire. C'est surtout que, pour la première fois, ils m'ont rendu sympathique vis-à-vis des Petits Cochons. Je les avais fait pourtant souffrir ; d'ailleurs, j'ai continué à souffler les maisons de paille, pas toujours à bon escient. Puis, j'ai commencé à tester mon souffle sur le Château de brique.

» L'appellation « Petit Juge » avait quelque chose de pathétique mais aussi d'affectueux, ou presque. Alors, dernièrement, ils m'ont surnommé le Petit Méchant Juge. Il fallait introduire l'adjectif « méchant » pour que je fasse peur. Ils ont pris un jeune juge en bois brut, persuadé de remplir son office en soufflant de tout son cœur sur les maisons de paille – l'une de mes incarnations les plus traditionnelles – et l'ont placé devant une commission parlementaire. Il était normal que je rende des comptes et que l'on cherche à améliorer le système. C'était d'ailleurs le souhait de la plupart des membres de la commission. Mes ennemis, en revanche, comptaient bien en profiter pour me donner le coup de grâce. L'audition fut retransmise par huit chaînes de télévision. Je n'aurais jamais dû m'en remettre. Mais ça n'a pas eu l'effet escompté par ceux qui voulaient ma perte. Les Petits Cochons ont vu un être qui leur ressemblait, tout tremblant et impuissant, petit certes, mais pas méchant. Plus de cinq millions de Petits Cochons ont regardé l'émission et ils n'ont pas eu peur. C'était raté. Seuls quelques hôtes du Château ne l'ont pas compris. Ils ont voulu pousser ce qu'ils croyaient être leur avantage et tenter de me supprimer pour de bon. Ce n'était pas la première fois. Déjà, en 1948, un projet de suppression avait failli parvenir à son but. Je m'en étais sorti de justesse mais je suis sur la sellette depuis tant d'années ! Il est temps pour moi de savoir de quel mal je souffre, de quelle plaie je suis affligé.

— Je vois, répondit le docteur Bleuler en attendant la suite.

Le PMJ se sentit soudain très fatigué. Il avait longtemps hésité avant de venir consulter et trouvait épuisant l'exercice consistant à livrer ses pensées à un inconnu. Il alla de lui-même s'allonger sur le canapé, saisissant enfin le rôle de ce dernier : pouvoir livrer son âme tout en fermant les yeux et en relaxant son corps. Une fois qu'il fut bien installé, le docteur prit la parole.

— Tout d'abord, il faut que vous sachiez que n'est pas schizophrène qui veut. Et même si vous étiez schizophrène, ce ne serait pas forcément une catastrophe.

— Comment cela, pas une catastrophe ?

— Vous ne seriez pas nécessairement dangereux. Par exemple, Jean-Jacques Rousseau était schizophrène.

— Vous plaisantez ?

— Pas du tout.

— Je veux bien vous croire. Je dirais même que ça me réconforte, étant donné mon admiration pour Jean-Jacques Rousseau... Mon travail consiste à préserver l'ordre social et, en un certain sens, à affermir le contrat social. Il n'empêche que vous semblez prendre mon éventuelle maladie à la légère. Je vous rappelle tout de même que je tiens entre mes mains l'honneur, la vie et la liberté de beaucoup de gens.

— Pour commencer, il faudrait se mettre d'accord sur les termes. J'ai une idée précise de l'identité de cet hôte de marque du Château de brique qui vous a qualifié de schizophrène, mais celui qui a écrit son discours n'avait aucune notion de psychiatrie. Il a utilisé le mot dans son sens commun et erroné. La schizophrénie n'est pas un phénomène de dédoublement de la personnalité. Le schizophrène n'a pas plusieurs identités antagonistes. En revanche, son esprit est fractionné. Plusieurs parties de cet esprit fractionné sont déconnectées de la réalité. Le malade est à la fois présent et ailleurs. Pour autant, cela ne veut pas dire que vous ne puissiez pas souffrir d'une forme de schizophrénie. Mais, pour le découvrir, il faudra du temps. Nous devrons remonter à votre petite enfance et nous arrêter en particulier à l'époque de votre adolescence, âge favorable à l'apparition de la schizophrénie. Il faut que vous sachiez quelque chose de très important : certaines formes de schizophrénie sont dues à une mutation génétique. L'explication de vos symptômes éventuels peut donc remonter à très loin, à une époque où vous n'étiez pas encore un Petit Méchant Juge. Vous devrez vous prêter à une remontée dans le temps, sans tabou, sans hypocrisie, vous souvenir de ce que vous étiez, de ce que vous faisiez et pour quelle raison vous le faisiez. S'il y a eu mutation, nous le saurons. Peut-être saurons-nous également si cette mutation est arrivée à son terme ou si elle est encore en évolution ?

— Sans vouloir vous interrompre, je suis déjà convaincu d'avoir subi une mutation génétique et je sais que ce n'est pas terminé. J'étais cent pour cent juge d'instruction dans toutes mes incarnations, puis une partie de moi-même s'est transformée en Petit Méchant Juge. Une autre partie continue son travail de toujours, se moquant bien de laisser parfois des Petits Cochons sur la paille de leur propre maison. Une autre partie s'occupe quotidiennement des maisons de bois. Cette dernière travaille avec acharnement. Et puis, il y a le Petit Méchant Juge, ma dernière mutation, la plus douloureuse et la plus difficile. Parfois, j'ai des bouffées délirantes. J'ai l'impression d'être contrôlé par des forces extérieures, de ne pas être libre de mes décisions. Parfois, je me sens au contraire sorti de l'œuf. Vierge et pur. Je suis indépendant. Tout cela se mélange et me donne un sentiment de perdition, de transformation inachevée et incontrôlable. Je ne sais pas qui va gagner.

— Avez-vous des anxiétés subites ?

— Évidemment.

— Pensez-vous avoir le pouvoir d'agir sur le monde ?

— Je passe par des phases contradictoires. Parfois, je me sens capable de tout. Parfois, j'ai l'impression de n'être bon à rien. Parfois, je crache sur la carrière, sur l'avancement, sur l'argent. Parfois je rampe et je fais le beau devant les puissants. Parfois je me déteste et parfois je m'adore. Je me sens… comment dire ?… un peu bâtard.

— Ressentez-vous un sentiment de persécution ?

— Depuis que je souffle sur le Château de brique, je suis persécuté. Je n'ai pas l'impression qu'il s'agisse d'un sentiment, plutôt d'une réalité.

— À moins que vous ne transformiez la réalité dans un délire paranoïde. Avez-vous des hallucinations ?

— Chaque fois que je constate le manque de réaction des Petits Cochons quand ils apprennent que les hôtes du Château de brique s'empiffrent, j'ai l'impression d'halluciner. Même s'il est prouvé par A plus B qu'un hôte politique du Château est pourri jusqu'à la moelle, vous trouverez toujours des Petits Cochons qui voteront de nouveau pour lui. Un puissant hors norme qui a toujours refusé d'habiter dans le Château de brique a un jour déclaré que les Petits Cochons étaient des veaux. Il avait peut-être raison.

— Voilà que votre mépris pour les Petits Cochons vous reprend !

— C'est vrai et je sais le mal que j'ai fait à certains d'entre eux. Mais personne n'en a eu cure pendant très longtemps. Ce n'est pas une excuse mais ça explique en partie mon comportement. Au nom de l'ordre social, on me demandait la plus grande rigueur. J'étais apprécié par le pouvoir si je me montrais inflexible, si je faisais régner l'ordre sans faiblesse. À cette condition, on acceptait que je sois l'homme le plus puissant de France, l'homme le plus puissant contre les Petits Cochons dans leur maison de paille, mais un colosse aux pieds d'argile s'il s'agissait de souffler autre chose. Puis, j'ai commencé à entendre des voix.

— Ah, nous y voilà ! Étaient-ce des voix qui venaient de l'extérieur ou de l'intérieur ?

— De l'intérieur. Je ne suis pas fou.

— Je préfère cela. Il s'agissait donc de rêves.

— Oui, et ça continue. Je fais souvent ce rêve étrange et pénétrant d'une justice inconnue, et que j'aime et qui m'aime, et qui chaque fois n'est ni tout à fait la même ni tout à fait une autre, et m'aime et me comprend.

— Elle a de la chance parce que moi, je ne comprends rien.

— Disons que j'ai commencé à faire un rêve hallucinatoire. La justice était égale pour tous. J'entrais dans le Château de brique. Je faisais une perquisition.

— Une perquisition dans le Château de brique ! Vous êtes complètement fou !

— Merci, docteur… ça fait toujours plaisir à entendre.

— Excusez-moi. Je ne sais pas ce qui m'a pris.

— Non, ne vous excusez pas. Après tout, c'est pour cela que je suis venu.

— Nous touchons un point important. Il faudra m'expliquer d'où vous vient ce rêve de toute-puissance.

CHAPITRE TROIS

Le Patron avait mal dormi. Un vent continu et obsédant en était la cause. Il fit venir son conseiller. C'était un conseiller sans nom particulier, celui du moment. Vêtu d'un costume gris foncé, d'une cravate gris foncé et de chaussures noires, il ressemblait à n'importe quel conseiller. Avant lui, son père et son grand-père aussi avaient été conseillers.

— Vous m'avez demandé, Patron ?

— Oui, le vent qui souffle à travers la montagne me rendra fou.

— Je sais, Patron. Tous les hôtes du Château sont nerveux. Certains commencent même à prendre peur. C'est une peur irrationnelle, épaisse, lourde, proportionnelle au poids de leurs fautes.

— Il a soufflé si fort cette nuit. Était-il vraiment seul ?

— Oui, mais particulièrement en forme.

— Qu'est-ce que ce serait s'ils étaient plusieurs!

— Voulez-vous que je vous fasse apporter votre petit déjeuner?

Le Patron n'écoutait plus son conseiller. Il observait un spectacle insolite par la fenêtre de sa chambre donnant sur une cour intérieure de marbre blanc. Une dizaine d'hommes en costume de marque, de la même couleur triste, avec des cravates qui se ressemblaient comme deux œufs de caviar, atterrissaient en parachute.

— Ne me dites pas que ça recommence! s'exclama le Patron.

— Hélas si. Ce sont des dirigeants de grandes entreprises qui débarquent au Château en parachute doré. Comme le PMJ s'est arrêté de souffler, ils en profitent. Vous savez, ces derniers temps, ils n'osent plus entrer par la porte.

Le Patron se prit la tête entre les mains. Il n'en pouvait plus. Il était à deux doigts de regretter le temps de la guillotine.

— Bon, il va falloir encore agrandir le Château, constata-t-il avec dépit. Il déborde de partout et le nouvel arrivage ne va pas arranger les choses. D'autant que les golden parachutes sont pointilleux sur la qualité de l'hôtellerie. Quand j'ai fait construire le Château, il était conçu pour accueillir environ mille hôtes et le double d'invités temporaires. Aujourd'hui, on dirait une ville moyenne de province.

— C'est peut-être cela, la République, souligna le conseiller.

— Que voulez-vous dire ?

— La République, c'est peut-être la démocratisation des privilèges.

Le Patron n'appréciait pas ce genre de remarques.

— Si j'avais voulu un persifleur, j'aurais embauché Brassens.

— Je me permets respectueusement de vous faire remarquer que M. Brassens n'était pas de vos amis.

— Je n'ai jamais pu choisir mes amis et c'est bien mon drame. En fait, à y réfléchir, je n'ai pas d'amis. Je n'ai que des obligés. Et encore, certains d'entre eux estiment que les privilèges leur sont dus. Le fait de gagner cinq cents fois plus que ceux qui les font vivre ne les inquiète pas. Ils accumulent les bonus, les stock-options, les comptes de résultats bénéficiaires au gré des dégraissages de personnel et ils pensent que cela va durer. Ils en veulent toujours plus. Parfois leurs trouvailles me laissent pantois, comme cette histoire de SMIC jeune. Comment peut-on imaginer un salaire inférieur au salaire minimum ?

— D'après ce que j'ai compris, Patron, ce serait temporaire.

— C'est exact. Au bout de quelques années, les Petits Cochons pourraient aspirer à atteindre... le minimum. Certains hôtes du Château n'ont rien appris du passé, rien compris. Moi, j'ai accueilli de nombreux hôtes les bras ouverts dont j'ai vu la tête rouler dans la sciure. Je ne veux pas revivre ces moments. Hélas, j'ai peur que le désastre ne soit imminent.

— À cause du PMJ qui souffle sur le Château de brique ?

— Oui et non. Non, parce qu'il s'essoufflera sans doute. Oui, parce que d'autres pourraient se mettre à souffler avec lui.

— À propos, Patron, j'ai les résultats de l'étude que vous avez demandée aux experts du Château. Celle sur l'entrée en vigueur de la loi prévoyant la collégialité des PMJ. Les résultats sont bons. Même si le PMJ se divise en trois incarnations et triple la puissance de son souffle, il ne pourra pas détruire le Château. Tout au plus fera-t-il tomber une brique ou deux.

— Les briques de rechange, ce n'est pas ce qui nous manque.

— Certes, Patron. Je dois toutefois vous informer que nous trouvons de moins en moins de volontaires de confiance pour aller récupérer des briques dans notre dépôt suisse. Ça, c'est le résultat de l'incarcération, par le PMJ, d'un prétendu passeur dans une histoire de rétrocommissions accolées à des contrats d'armement.

— Oui, ne m'en parlez pas. Le PMJ a rarement soufflé si fort… Je me souviens du passeur, qui a souvent été invité au Château. Il n'empêche qu'il va tout de même falloir récupérer quelques briques.

— Nous avons bien le dépôt du Luxembourg. C'est un peu plus facile mais ça reste compliqué, souligna le conseiller. Sinon, le Qatar se propose de financer les agrandissements et réparations diverses.

— Et puis quoi encore ! Pour l'instant, faites-moi voir ces résultats d'expertise soi-disant rassurants.

Le Patron parcourut les quelques feuillets. À la fin de sa lecture, il avait le regard noir.

— Puis-je savoir qui a réalisé cette expertise indigente ?

— C'est le cabinet utilisé par la plupart des hôtes du Château.

— J'ose espérer qu'il y a eu un appel d'offres.

— Non. Le marché a été scindé, comme d'habitude, en plusieurs autres marchés. Comme ça, on restait en dessous du seuil obligatoire pour la procédure d'appel d'offres.

— Ben voyons !

— Ce même cabinet d'expertise s'occupe également des sondages en vue des prochaines élections pour un bon nombre de candidats. Comme il le fait gratuitement, il a la préférence pour quelques marchés publics. Cela dit, les experts de ce cabinet sont réputés pour être de bons professionnels. Ils ont plusieurs campagnes à leur actif. Et ils ont réussi à faire croire aux Français que la démocratie se résumait à l'élection.

— Pas mal ! admit le Patron, pensif. Je sais ce que dirait Marie-Antoinette aujourd'hui : « Ils veulent du pain ? Donnez-leur des élections ! » J'aimais bien Marie-Antoinette. C'était une hôte authentique du Château, pas méchante pour un sou, naturelle. Il n'y avait rien de surfait chez elle. Un long fleuve tranquille. Bon, arrêtons de ressasser les souvenirs douloureux. À propos d'élections, le Président sortant a-t-il des chances d'être réélu ?

— Difficile à dire, Patron. D'après les sondages, l'ancien Président a toutes les chances de le redevenir. Mais il reste du temps. Je ne sais pas si vous vous souvenez de la campagne qui lui avait permis d'être élu.

— Oh que si ! Il avait trouvé utile de m'encenser. Dans tous les couloirs du Château il avait fait poser des affiches à ma gloire. Le slogan était insupportable, à la limite du blasphème : « Il n'y a de Patron que le Patron et le CAC 40 est son prophète. »

— Je m'en souviens. Vous aviez piqué une de ces crises.

Le Patron ne répondit pas. Il semblait soudain triste, presque affligé. Il remonta son col et se mit à parcourir son bureau de long en large. Il détestait les périodes de campagne électorale. Les élections étaient l'opium du peuple depuis que la religion avait disparu de la scène politique. Elles passionnaient les Petits Cochons des maisons de paille. Elles attiraient les Petits Cochons des maisons de bois qui, parfois, en profitaient pour faire de l'argent. Mais elles attisaient les flammes dans le Château de brique. À cette occasion, certains hôtes montraient la noirceur de leur âme ou leur médiocrité atavique. Dans ce Château qui n'abritait pourtant que les puissants, les élections faisaient de certains d'entre eux des esclaves. Ils se soumettaient, montraient leur croupe, s'abaissaient plus bas que terre dans l'espoir que leur champion, une fois élu, leur accorde quelques miettes de son pouvoir. C'était une cour, comme au temps des rois ou des empereurs. Rien n'avait changé, sauf la déliquescence des mœurs et la promiscuité. Le Patron savait tout cela d'expérience. Il savait que le Petit Méchant Juge, au-dehors, soufflait dans le sens du vent. Et il savait aussi que l'expertise rassurante qu'il venait de lire était nulle et non avenue.

— Mon cher conseiller, sans vouloir abuser, vous souvenez-vous des détails de ma demande relative aux effets potentiellement nuisibles du souffle du PMJ ?

— À part que vous vouliez que les experts calculent les effets dévastateurs sur le Château, à court et moyen terme, du souffle du PMJ, et surtout de son souffle multiplié par trois, je ne vois pas.

— Non, le cahier des charges comprenait une étude beaucoup plus approfondie pour laquelle j'avais besoin d'un expert et non d'une bande d'escrocs spécialisée dans le financement illicite de campagnes électorales. Les experts étaient censés calculer la puissance du souffle du PMJ associé à celui des Petits Méchants Journalistes.

— Ah, c'est drôle, Patron. Ce sont les mêmes initiales, Petit Méchant Juge et Petit Méchant Journaliste.

— Évidemment, ils bossent ensemble ! Mais vous voyez le problème. Je n'ai pas besoin d'experts pour savoir que le PMJ, même aidé de deux clones, serait dans l'incapacité de détruire le Château. Par contre, je veux savoir ce qui se passerait si la presse la plus influente sur l'opinion publique se mettait à souffler dessus aux côtés du PMJ.

— Je vais faire le nécessaire, Patron.

— Avec un vrai marché public cette fois. Au fait, où en est-on de cette histoire d'arbitrage ?

— Ça va plutôt mal. Le PMJ se régale.

— Je n'aime pas ça. Ce genre d'histoire va encore faire tomber quelques briques. Il ne faut pas que cette affaire prospère. Le principal mis en cause fut bien plus qu'un visiteur occasionnel, il fut un hôte du Château. Et je ne parle pas des hôtes actuels dont les noms circulent dans cette affaire.

— Personne ne trouve la solution.

— Parce que personne ne fait preuve d'imagination. Si l'on considère la moyenne d'âge des membres de la commission d'arbitrage, il ne devrait pas être difficile de soutenir qu'ils ont confondu les euros avec les anciens francs. En fait, ils ont voulu accorder

403 millions d'anciens francs au lieu de 403 millions d'euros. Ils se sont trompés, voilà tout.

— Je ne suis pas certain que ça passera.

— Il va falloir que ça passe tout de même… Ce n'est pas tellement la somme globale qui pose problème, ce sont surtout ces 45 millions de préjudice moral dans un pays où l'on vous accorde 30 000 euros quand on massacre toute votre famille. Sans oublier ce qu'on vous octroie quand vous avez passé trois années en détention provisoire pour rien ! Non, décidément, il faut que cette histoire s'arrête. Les hôtes du Château pensent qu'ils peuvent faire n'importe quoi sous prétexte qu'il s'agit de l'argent des Petits Cochons des maisons de paille et des maisons de bois. Bon, changeons de sujet.

— Je ne pense pas que ça va vous plaire.

— Au point où j'en suis !

— C'est au sujet des renseignements que vous m'avez demandés sur les liens éventuels entre le PDG de la holding militaro-pétrolière et le cartel de la région sud. Eh bien, il semblerait que ces liens s'intensifient dangereusement. Le numéro 2 du cartel a été invité trois fois au Château au cours des quinze derniers jours. Ce n'est pas fait pour calmer le PMJ. J'ai bien peur qu'il ne souffle de plus belle s'il apprend la nouvelle.

— Et comment l'apprendrait-il ?

— Manifestement, un hôte du Château le renseigne. Et il renseigne également les Petits Méchants

Journalistes. Je soupçonne le consortium militaro-nucléaire d'être à l'origine de ces fuites. La holding et le consortium se livrent une guerre économique farouche. De plus, chacun finance un candidat différent pour les prochaines élections.

— Le contraire m'aurait étonné. A-t-on une idée de la raison pour laquelle la holding militaro-pétrolière a besoin du cartel? Ce n'est certainement pas pour obtenir des fonds : elle est riche comme Crésus! Et je sais de quoi je parle. J'ai bien connu Crésus.

— Non. Pour avoir une chance de comprendre cette histoire, il faudrait une enquête approfondie. Pour le coup, Patron, on aurait bien besoin du PMJ.

— Vous êtes fou! Ce serait faire entrer le loup dans la porcherie.

— Je plaisantais, Patron.

— Ça serait différent si le PMJ voulait bien se contenter, comme au bon vieux temps, de souffler sur les maisons de paille et de bois. Personne ne lui a jamais demandé de souffler sur le Château.

— Personne, excepté la loi.

Le Patron n'apprécia pas du tout cette remarque.

— La loi est faite par des hôtes du Château pour s'appliquer aux habitants des maisons de paille et de bois. Et si j'avais voulu une conscience, je n'aurais pas pris un conseiller, j'aurais embauché Jiminy Cricket.

— Certes, mais que fait-on pour cette histoire de holding ?

Le Patron réfléchit. Il lui était impossible de faire diligenter une enquête judiciaire. Il lui était également impossible de saisir un service officiel de renseignements sans que plusieurs hôtes du Château en soient informés.

— Il faudrait missionner une officine privée... sérieuse, de préférence.

— Le problème, c'est que les officines travaillent toutes pour des hôtes du Château. Certains de nos hôtes passent leur temps à s'espionner les uns les autres, à se tendre des pièges, à piller leurs secrets industriels. Ceux qui sont dans le collimateur du PMJ se servent des officines pour le surveiller, tenter de deviner ce qu'il va faire, trouver ses points faibles.

— Ne me dites pas que l'on n'est pas foutu de trouver des privés capables de travailler pour nous sans aller tout balancer aux hôtes du Château !

— Peut-être, mais ça ne sera pas évident. Je vais chercher. Je ne promets rien. En France, les privés sont tous des anciens de la DGSE, de la DST, des RG, de la DCRI ou de la DGSI[1]. Ils ont gardé des contacts avec

1. La Direction générale de la sécurité extérieure, la Direction de la surveillance du territoire, la Direction centrale du renseignement intérieur, la Direction générale de la sécurité intérieure.

leurs anciens services, leurs anciens amis et ont tout intérêt à ne pas enquêter sur des hôtes du Château trop influents s'ils veulent conserver leur clientèle et leurs contacts.

CHAPITRE QUATRE

Quand il revint dans le cabinet du docteur Bleuler, le Petit Méchant Juge se sentait plus nerveux encore que la première fois. Il savait qu'il allait devoir se raconter, remonter loin dans son passé et que ce ne serait pas toujours glorieux. Mais il savait également que c'était indispensable. Il s'installa immédiatement sur le canapé. La séance risquait d'être longue et il se sentait fatigué. Il avait soufflé toute la semaine sur le Château de brique et avait été convoqué à trois reprises chez le Premier Président de la Cour d'appel pour s'expliquer sur ses agissements inconsidérés. Mais il avait tenu bon, grâce à la perspective de sa prochaine visite chez le docteur Bleuler.

— Je suppose qu'il faut que je commence par le commencement, déclara-t-il aussitôt.

— C'est préférable, mais prenez votre temps. Si vous ne vous sentez pas d'attaque…

— Si, curieusement, je sais que c'est le moment.

— Je vous écoute.

— Il y a très longtemps, un Roi voulut qu'un Juge cherchât la vérité plutôt que de s'en remettre à des chimères. Ces chimères étaient une simplification extrême de la vérité. C'était une vérité judiciaire placée sous la coupe du jugement de Dieu. Ce grand roi s'appelait Saint-Louis. En 1258, Saint-Louis décida d'abolir les ordalies unilatérales et bilatérales. On recourait aux ordalies unilatérales pour décider de la culpabilité d'un accusé qui plaidait non coupable. La plus utilisée était la preuve par le fer rouge. L'accusé devait saisir une barre de fer rougie et la porter sur neuf pas. Ses mains étaient ensuite pansées et, trois jours plus tard, le Juge regardait l'évolution des brûlures. Une cicatrisation complète signifiait une innocence complète. L'ordalie par l'épreuve de l'eau bouillante répondait à la même logique.

» L'ordalie bilatérale, plus intéressante, était utilisée quand les versions des deux parties s'opposaient totalement. La plus connue était le duel judiciaire. Le Juge laissait les protagonistes s'entretuer et le gagnant avait raison. C'était plus simple et plus économique. De surcroît, l'on pouvait utiliser le duel judiciaire avec les manants comme avec les nobles. Nous aurions peut-être dû garder les ordalies bilatérales pour régler les différends entre les hôtes du Château. Imaginez ce qu'aurait pu donner un duel avec, par exemple, un adversaire armé d'un croc de boucher et l'autre d'« éléments de langage ». Mais il faut se faire une raison. Saint-Louis est passé par là : l'abolition des ordalies a marqué la fin de la Justice réservée par Dieu et le début de l'enquête judiciaire. À partir de cette époque, un enquêteur dut rassembler des preuves et décider de leur valeur. Le serment purgatoire et le témoignage devinrent des modes de preuve privilégiés. Ce fut la naissance de la justice inquisitoriale.

— Et la vôtre ?

— Je n'avais pas encore pris forme. Cela vint un peu plus tard. Sur la date véritable de ma naissance, les avis des historiens divergent. Certains estiment que ma création remonte à 1522, quand François Ier créa l'institution du lieutenant criminel. Pour d'autres, je suis né en 1539, date de l'ordonnance de Villers-Cotterêts qui dispose que les investigations en matière criminelle doivent être menées par des juges. Quelques rares historiens me rajeunissent et indiquent que ma naissance a eu lieu en 1670 quand mes fonctions ont été clairement définies. Dans les livres de droit, il est retenu la date où, pour la première fois, le terme juge d'instruction a fait son apparition dans notre procédure pénale, le 20 avril 1810[1].

— Et vous, vous en pensez quoi ? De quoi vous souvenez-vous ?

— J'ai dans l'ensemble de vagues souvenirs de ma petite enfance. Mais je crois que mes origines sont bien plus anciennes que l'ordonnance de 1522. Je me revois parfaitement au Châtelet de Paris, au milieu du XIVe siècle. Je m'appelais déjà le lieutenant criminel et j'étais le subordonné du Prévôt de Paris. Il pouvait me révoquer s'il le voulait. En 1493, mon indépendance s'accrut car je devins titulaire d'un office royal. Je ne pouvais plus être révoqué que par le Roi, à condition qu'il me rembourse. J'avais en effet acheté ma charge. Sur divers autres ressorts, j'avais déjà fait mon apparition. La plupart du temps, j'étais placé sous l'autorité du Bailli royal ou du Sénéchal. À l'origine, ma principale utilité fut d'assurer la prééminence de la justice royale sur les justices seigneuriales. Cela ne s'est pas fait sans mal. J'ai heurté à plusieurs reprises les susceptibilités locales et j'ai déjoué des indélicatesses, des forfanteries, des corruptions couvertes par les justices seigneuriales. Le Roi me donnait tout pouvoir mais c'était un travail épuisant.

1. La loi de 1810 a modifié le code d'instruction criminelle de 1808 pour créer, en lieu et place du Directeur du jury issu de la Révolution, le Juge d'instruction. En réalité, dès le 27 janvier 1801, le Premier Consul Bonaparte avait redéfini la fonction de Directeur du jury en lui confiant la charge de mener seul les investigations criminelles.

» Je devais me déplacer en permanence et les distances à cheval étaient souvent longues. Ce dont je me souviens également, ce sont les cours de droit que j'ai dû suivre. Dès l'ordonnance de Blois de 1498, je devais être « docteur ou licencié en université fameuse » pour assurer les fonctions de lieutenant criminel[1]. Je menais toutes les investigations moi-même. C'était mon devoir, même si je pus, au fil des siècles, déléguer certains actes à des juges locaux puis à certains officiers de police. Toutes les ordonnances royales insistaient sur ma diligence. Je devais « monter à cheval », sitôt informé « de quelque volerie, meurtre ou autre délict » commis sur mon ressort, « afin d'en informer, prendre et appréhender les délinquants, et aussi d'exécuter promptement et sans remise, excuse ou dissimulation, les décrets et mandements de justice ».

— En somme, vous deviez tout faire vous-même.

— Oui, mais je pouvais demander le secours de la maréchaussée. Au Châtelet de Paris, j'avais dix archers attitrés en habit d'ordonnance pour exécuter mes ordres, ainsi bien sûr que mon greffier qui

1. Les ordonnances criminelles ont rappelé ce principe aux XVIe et XVIIe siècles. Pour instruire, il fallait être instruit. L'ordonnance de 1670 indiquait qu'il fallait être gradué en droit et désigné spécifiquement pour mener les instructions criminelles. À l'époque, la police judiciaire n'existait pas. Les « gens d'armes » n'avaient pas la compétence nécessaire pour enquêter et encore moins pour appliquer les règles procédurales ordonnées par le Roi. Seuls les juges, et en particulier le lieutenant criminel, étaient formés pour démêler le faux du vrai.

m'accompagnait quand je partais recueillir des preuves, un huissier audiencier et trois huissiers chargés des questions d'intendance et de cérémonial. Mais le Châtelet de Paris avait ses propres règles et son propre faste. En province, le faste était moins important. Seul mon greffier était toujours présent à mes côtés.

» Le binôme juge d'instruction/greffier a traversé les âges mais pas l'obligation d'assumer tous les actes d'investigation moi-même. Dès le milieu du XIXe siècle, le recours à la commission rogatoire, par laquelle j'ordonne à des officiers d'effectuer des actes d'enquête à ma place, s'est généralisé. La surcharge de travail et la naissance puis le développement de la police judiciaire en sont les causes principales. Aujourd'hui, je sors de moins en moins de mon bureau, sauf pour des affaires très importantes ou très sensibles[1]. Je suis devenu un super secrétariat qui délivre des commissions rogatoires et des ordonnances d'expertise. Je ne peux certes pas tout déléguer car je suis le seul à pouvoir interroger les personnes mises en examen et perquisitionner dans certains lieux, comme le cabinet ou le domicile d'un avocat, les locaux d'une entreprise de presse, le

1. Le code de procédure pénale a néanmoins gardé la trace de cette obligation de principe. L'article 81-alinéa 4 du code de procédure pénale dispose encore : « Si le juge d'instruction est dans l'impossibilité de procéder lui-même à tous les actes d'instruction il peut donner commission rogatoire aux officiers de police judiciaire afin de leur faire exécuter tous les actes d'information nécessaires. »

cabinet d'un médecin ou d'un notaire ou encore tous les endroits abritant des éléments couverts par le secret de la défense nationale. Mis à part ces quelques exceptions, je peux à ma guise déléguer tout le reste.

— Sauf quand il s'agit de souffler sur le Château de brique ?

— Dans ce cas-là, je ne délègue pas. Il est difficile de demander à la police judiciaire de souffler sur le Château qui abrite son supérieur hiérarchique. Je préfère le faire moi-même. Les choses ont donc bien changé depuis l'Ancien Régime. Mon cheval reste à l'écurie. Inutile de vous dire que j'ai la nostalgie de l'époque où je chevauchais mon fidèle destrier. J'étais alors tout-puissant car j'agissais au nom du Roi et pour sa grandeur.

» La principale obligation du Roi était d'assurer la sécurité de son peuple. Cette préoccupation se retrouvait dans toutes ses ordonnances. Et j'avais tout intérêt à mener avec efficacité et rapidité mes enquêtes. Je devais recueillir les indices et témoignages, arrêter et interroger les suspects[1]. Je faisais déjà appel à des

1. L'ordonnance criminelle du 26 août 1670 disposait que le lieutenant criminel devait « dresser sur-le-champ et sans déplacer procès-verbal de l'état auquel seront trouvées les personnes blessées ou le corps mort » ainsi que « du lieu où le délit aura été commis, et de tout ce qui peut servir pour la décharge ou conviction ». Il devait remettre au greffe dans les vingt-quatre heures « ensemble les armes, meubles ou hardes » pouvant « servir à la preuve ».

experts mais dans des domaines limités et avec des résultats incertains. Des médecins ou chirurgiens examinaient les blessés et cadavres à ma demande et dressaient un rapport. Tous les actes d'instruction étaient consignés par procès-verbal. C'était indispensable car la procédure était totalement secrète et écrite pendant l'instruction. Au temps du procès, les accusés avaient enfin accès aux éléments du dossier mais, tout au long de l'enquête, le secret était absolu. Les inculpés n'avaient pas accès aux procès-verbaux. Ils n'en connaissaient que ce que je voulais bien leur en dire et n'avaient pas le droit à un avocat[1].

» Néanmoins, comme cela était rappelé dans l'ordonnance du 26 août 1670, j'ai toujours eu l'obligation d'instruire à charge et à décharge. Dans le secret de mon cabinet, seule mon éthique pouvait assurer l'application effective de cette obligation.

» Outre cette obligation, plus ou moins respectée, les suspects étaient également protégés, sous l'Ancien Régime, par le système des preuves légales. La loi prévoyait les éléments de preuve recevables en justice et la valeur à leur accorder. Ce n'est qu'en 1789 que le régime de l'intime conviction remplacera ce système. Sous le règne de Saint-Louis, le principe fut clairement affirmé qu'il fallait se méfier de l'intime conviction

1. Ce n'est qu'en 1897 que les avocats eurent accès à la procédure et purent assister leur client dans le cabinet du juge d'instruction.

des juges et se fonder sur des éléments objectifs pour poursuivre, emprisonner et condamner.

— Je n'y connais pas grand-chose mais ça me paraît être frappé au coin du bon sens.

— À condition d'éviter les excès. Au cours des siècles, le système des preuves légales est devenu de plus en plus codifié. La notion de « preuve pleine » a fait son apparition. Seule la preuve pleine permettait de condamner. Si l'enquête n'avait apporté que des demi-preuves ou des quarts de preuves, le non-lieu ou l'acquittement devaient être prononcés. Je pouvais multiplier les indices au cours de mon instruction mais des indices ne suffisaient pas à constituer une preuve pleine. Le témoignage visuel valait pour une demi-preuve. Il fallait donc deux témoins visuels des faits pour obtenir une preuve pleine. Si les simples indices ne permettaient pas d'entrer en voie de condamnation, je me devais toutefois d'en recueillir le maximum car une accumulation d'indices permettait l'utilisation de la question préparatoire[1].

» Tout pouvait être un indice, qu'il s'agisse de la rumeur publique, de la mauvaise réputation, de l'état de vagabondage propice au vol, de l'état d'ébriété propice aux violences, de la fuite ou des mauvaises relations avérées du suspect avec la victime. Parmi tous les indices, l'un était essentiel et permettait souvent

1. La question préparatoire n'avait pas été interdite par Saint-Louis. Elle ne le sera que par Louis XVI en 1780, après être tombée peu à peu en désuétude.

d'obtenir l'utilisation de la question préparatoire : «*Is fecit cui prodest*», «À qui profite le crime». À une époque où la police scientifique n'existait pas, je devais me creuser la tête et faire preuve d'inventivité. Je me souviens d'une instruction menée au début du XVIIIe siècle pour laquelle j'avais obtenu la question préparatoire. J'étais lieutenant criminel et il me fallait un coupable à tout prix.

— Je croyais que vous deviez déjà instruire à charge et à décharge.

— J'ai toujours préféré trouver le vrai coupable, mais à défaut il fallait tout de même condamner quelqu'un. Cela a toujours été le point faible de ma cotte de mailles. Sous l'Ancien Régime, mon avancement dépendait de mes capacités à résoudre les affaires criminelles. La sûreté publique était essentielle pour le Roi. C'était la preuve de sa toute-puissance. C'était aussi la preuve qu'il veillait sur ses sujets et qu'il avait Dieu de son côté. Un Roi qui ne parvenait pas à assurer la sécurité de son peuple était un mauvais Roi.

» À travers les âges et les régimes, Royauté, Consulat, Premier Empire, Restauration, Seconde République, etc., nos gouvernants ont exercé sur la Justice cette pression constante : il leur a toujours fallu un coupable. Et cette aspiration sécuritaire se trouve au cœur de la délicate question de la détention provisoire. Nos gouvernants prétendent qu'ils veulent nous empêcher de souffler les maisons de paille à la légère, histoire de montrer qu'ils s'intéressent aux Petits Cochons, ce qui est parfois exact, mais au fond ils veulent avant tout qu'aucun d'entre eux ne vienne perturber la tranquillité publique. Si un Petit Cochon commet un crime, il faut qu'un autre Petit Cochon soit arrêté, hier comme aujourd'hui, quitte à se tromper de cible et à souffler la mauvaise maison de paille. On peut bien prétendre que je suis schizophrène, mais à qui la faute? On me demande de mettre en prison des Petits Cochons présumés innocents au motif qu'ils sont peut-être coupables. Presque tous les motifs légaux de détention provisoire reposent sur une présomption de culpabilité.

— Je pensais au contraire que les personnes mises en examen étaient présumées innocentes.

— La loi a prévu les cas dans lesquels la mise en détention provisoire est possible. Elle l'est tout d'abord quand il existe un risque de déperdition des preuves et indices matériels, mais on imagine mal un innocent vouloir faire disparaître des preuves de la culpabilité de quelqu'un d'autre. De même, la personne mise en examen peut être incarcérée pour empêcher les pressions sur les témoins ou les victimes ainsi que sur leur famille. S'il n'est pas impossible qu'un innocent veuille faire pression sur une victime ou un témoin qui l'aurait accusé à tort, c'est plutôt rare. Le troisième cas parle de lui-même. Il s'agit d'empêcher une concertation frauduleuse entre la personne mise en examen et ses coauteurs ou complices. Or il faut être coupable pour avoir des coauteurs ou complices avec lesquels se concerter. Le quatrième motif d'incarcération est insolite. Il est possible de détenir une personne pour la protéger. Vous lui annoncez que vous la mettez en prison mais que c'est pour son bien. Elle n'est pas forcée de vous remercier.

— Un peu comme nous avec les internements psychiatriques.

— Pas du tout. Il s'agit de l'hypothèse d'un mis en examen dont je suis persuadé qu'il est coupable et sait beaucoup de choses. J'ai peur que ses complices ne lui fassent la peau avant qu'il ne parle ou parce qu'il a déjà parlé. La cinquième hypothèse se retrouve dans tous les systèmes juridiques : « Garantir le maintien de la personne mise en examen à la disposition de la justice. » Il peut sans doute exister des cas dans lesquels une personne innocente préfère fuir une justice en laquelle elle a une confiance limitée, mais c'est plus souvent le coupable qui prend la fuite. Quant au sixième cas – mettre fin à l'infraction ou prévenir son renouvellement –, il ne peut être invoqué décemment que si je pense que le mis en examen est coupable. Enfin, la détention provisoire est possible en matière criminelle pour « mettre fin au trouble exceptionnel et persistant à l'ordre public provoqué par la gravité de l'infraction, les circonstances de sa commission ou l'importance du préjudice qu'elle a causé ». Or on ne peut apaiser durablement le trouble à l'ordre public qu'en incarcérant le coupable. Mettre un innocent en prison crée un trouble plus grand que celui résultant du crime lui-même. Si ça se sait, évidemment !

— Vous avez toujours un fond de cynisme.

— Ou de réalisme désabusé. Il est difficile de considérer la présomption d'innocence comme autre chose qu'une aspiration philosophique. Mettre une personne en détention provisoire consiste au contraire à clairement lui signifier qu'à vos yeux elle est présumée coupable... jusqu'à preuve du contraire. Et qui donc peut apporter la preuve du contraire ? Qui dirige l'enquête et dispose des moyens policiers nécessaires ? C'est le magistrat instructeur. Je dois donc, alors même qu'il existe des éléments importants permettant de conclure à la culpabilité de la personne mise en examen, douter de moi-même et mener des investigations susceptibles de démontrer que je me suis trompé et que la personne mise en examen a été incarcérée à tort. Cela s'appelle instruire à charge et à décharge, et ce n'est pas donné à tout le monde. En somme, une personne présumée innocente mise en détention provisoire est une personne qui est préjugée coupable sous bénéfice d'inventaire. À force, devoir se remettre continuellement en cause, douter de soi-même, cela crée des fractures.

— Encore cette histoire de fractures... Intéressant !

— Je vous vois venir. Les fractures, ça fleure bon la schizophrénie. Il faut avoir à l'esprit que la mise en liberté d'un coupable présumé innocent qui récidive me sera davantage reprochée que l'incarcération d'un innocent présumé innocent. Imaginez que je remette en liberté un violeur assassin et qu'il recommence ou un terroriste qui profite de son contrôle judiciaire pour poser une bombe. Je n'ai plus qu'à m'inscrire à Pôle-Placard.

— C'est quoi, ce « Pôle-Placard » ?

— C'est l'équivalent de Pôle-Emploi pour moi. Au lieu de me retrouver au chômage, je me retrouve dans un placard. Non, croyez-moi, il est moins risqué pour moi de mettre un innocent en prison qu'un coupable en liberté. Un innocent en prison, c'est une simple question d'indemnisation. Évidemment, il faut éviter de mettre trop d'innocents en prison dans le même dossier. Ça peut finir devant une commission parlementaire et parfois devant le Conseil supérieur de la Magistrature, l'organe chargé de sanctionner mes manquements et de m'envoyer pointer à Pôle-Placard. Un coupable remis en liberté qui récidive, c'est tout autre chose. Dans ce cas, au lieu de faire une nouvelle victime d'erreur judiciaire, vous faites une nouvelle victime d'un crime.

— Vous êtes terrifiant !

— Peut-être, mais si je ne suis pas honnête dans un cabinet de psychiatre, je ne vois pas où je le serai. Je pratique l'hypocrisie à longueur d'année, alors là j'en profite. C'est un peu comme écrire un livre. Si vous n'êtes pas sincère, ça ne sert à rien.

— Je maintiens que ce que vous dites est terrifiant.

— Mais tellement logique.

— C'est cruellement logique.

— C'est drôle, votre formule me rappelle quelque chose. Rassurez-vous, c'est tout de même un peu moins vrai que sous l'Ancien Régime ou sous l'Empire.

— Oui, je pensais d'ailleurs que c'était le juge des libertés et de la détention qui mettait en prison et que vous étiez débarrassé de ce paradoxe.

— Oui, mais c'est moi qui le lui demande dans ce qu'on appelle une saisine. Je résume le dossier à ma façon et je lui explique pour quelle raison j'ai besoin que la personne mise en examen aille en détention provisoire. Et comme le juge des libertés et de la détention a rarement le temps de se plonger à fond dans le dossier, il me fait confiance, d'autant qu'il ne sait pas ce que j'ai prévu de faire, quelles investigations sont en cours et à quel délai. Il a un bandeau sur les yeux et il a bien compris, lui aussi, qu'il est moins risqué de mettre un innocent en prison qu'un coupable en liberté. Souvenez-vous de mon passage devant cette commission parlementaire dans le dossier d'Outreau, avec autant de caméras que pour une finale de coupe d'Europe de foot. C'est bien moi que l'on a accusé d'être responsable de la détention provisoire des Petits Cochons finalement acquittés. Qu'il y ait eu un juge des libertés et de la détention pour les mettre et les maintenir en prison, un parquet pour requérir leur placement puis leur maintien en détention, une Chambre de l'instruction qui, en appel, a toujours confirmé les décisions du juge des libertés et de la détention, je fus considéré comme étant le principal responsable en ma qualité de directeur de l'enquête. C'est au vu de mes investigations, du dossier que je fabrique avec le concours des officiers de police judiciaire que les décisions sont prises en matière de détention provisoire. Je reste le personnage clé en matière de détention. Et c'est tout le problème.

— Mais alors, que faut-il faire ?

— Tout d'abord, il faut cesser de me demander de me transformer en procureur par la saisine de mon collègue juge des libertés et de la détention. À la place, il n'y a que deux possibilités. Soit vous confiez la détention provisoire à un juge qui n'a aucune connaissance du fond du dossier et ne prend pas sa décision en considération de celui-ci, soit vous la confiez à un juge qui connaît très bien le dossier mais qui ne participe pas à l'enquête. Dans la première hypothèse qui correspond au système de la plupart des États américains, le suspect qui est présenté devant le juge est présumé coupable puisqu'il a été arrêté. Le débat concerne uniquement la dangerosité et les risques de fuite. Le juge met en prison dans un premier temps, puis cherche à obtenir des garanties sur ces deux points. Dans le second cas, le juge rend un pré-jugement en incarcérant mais, comme il ne mène pas l'enquête, il ne se trouve pas dans l'obligation d'enquêter lui-même pour vérifier s'il n'a pas commis une grosse bourde. C'est moi qui m'en charge.

— Le moins que l'on puisse dire, c'est que votre situation est inconfortable et propice aux fractures. Nous avons bien avancé aujourd'hui. Je remarque toutefois que vous ne m'avez pas raconté cette instruction menée au début du XVIIIe siècle qui semble vous avoir marqué. Vous évitez d'aborder l'époque de votre adolescence. Or, je vous l'ai dit, c'est une période essentielle dans l'apparition des fractures psychiques. La prochaine fois, nous nous y pencherons.

CHAPITRE CINQ

À l'extérieur du Château de brique, la tempête soufflait plus fort que jamais. La plupart des hôtes du Château semblaient ne pas réaliser qu'elle durait depuis trop longtemps. Habituellement, elle se calmait vite. Il suffisait de quelques interventions auprès de la hiérarchie judiciaire ou de quelques stratagèmes destinés à déstabiliser le PMJ pour que le vent tombe et que les artisans du Château réparent les dégâts. Cette fois-ci, c'était plus sérieux. Le Patron avait essuyé suffisamment de tempêtes pour faire la différence. Il n'était pas convaincu par les résultats de la nouvelle expertise. Certes, de savants calculs confirmaient que le souffle du PMJ était insuffisant, même renforcé par celui des Petits Méchants Journalistes. Toutefois, il restait l'inconnue mathématique, le souffle non mesurable du peuple.

Le Patron, inquiet de l'effet d'entraînement que pouvait susciter le souffle continu du PMJ relayé par les médias, décida qu'il fallait agir. À l'époque du Château de pierre, il avait trop tardé. Il ne ferait pas la même erreur. Il décida donc de convoquer les hôtes les plus puissants du Château.

La réunion fut fixée à 17 heures dans la grande salle. À l'heure dite, la plupart des convives étaient en retard. C'était bien dans le goût du jour. Il tentait de leur sauver la mise et le quorum n'était pas atteint. À 18 heures, les grands patrons firent leur apparition, suivis de peu par les chefs des principaux partis et leurs conseillers. Enfin se présentèrent les trois anciens Présidents et le Président en exercice. Ils revenaient tous du salon de l'agriculture, un événement qu'ils n'auraient manqué pour rien au monde car il leur permettait d'afficher leur proximité avec les Petits Cochons. Et puis le salon se déroulait Porte de Versailles. C'était rassurant pour les hôtes du Château. Le Patron n'était pas aussi confiant. Il se souvint du dernier Roi qu'il avait vu revenir de Versailles et qui n'y était jamais retourné. Il l'avait bien aimé, ce Roi qui tenta à ses côtés de calmer la tempête avant de perdre la tête. Certains hôtes du Château de brique se plaisaient à rappeler cet exemple funeste pour soutenir que les Petits Cochons devaient être traités sans complaisance. Selon eux, si on leur donnait la main, ils vous bouffaient le bras. Quant au PMJ, il n'était à leurs yeux que le résultat d'une mutation génétique monstrueuse à éliminer.

Quand chacun fut confortablement installé dans un fauteuil doré, le Patron prit la parole :

— Bonjour à tous. J'ai tenu à vous réunir aujourd'hui car je sais que certains d'entre vous ne prennent pas au sérieux la situation actuelle. Pour ma part, ce vent incessant me paraît menaçant. Je ne veux pas être alarmiste mais le PMJ devient populaire. C'est très mauvais signe.

— Il n'y a qu'à le supprimer, suggéra d'emblée l'ancien Président qui espérait le redevenir.

— Je sais. Vous avez déjà essayé avec le résultat que nous connaissons. Avant votre initiative malheureuse et trop frontale, cela aurait été encore possible. Maintenant j'en doute. Nous sommes précisément réunis pour décider de la meilleure stratégie dans la situation actuelle.

Un ancien Président encore plus ancien rebondit sur la remarque du Patron.

— Moi, quand j'étais Président, je ne prenais pas le PMJ de front. Je contournais l'obstacle.

— Tu me fais bien rire, reprit l'ancien Président qui voulait le redevenir. Tu as si bien contourné l'obstacle que tu as fini en correctionnelle. Un mur entier du Château de brique s'est écroulé ce jour-là.

Le Patron se souvint de ce jour funeste. Effectivement, le vent avait soufflé très fort toute la nuit et, malgré les réquisitions de relaxe du Procureur, le Tribunal avait condamné l'un des hôtes les plus prestigieux du Château. C'était une grande première et la démonstration que les temps avaient changé. La réparation des dégâts avait coûté cher. Mais malgré ce coup de semonce, la vie du Château avait repris son cours et les mauvaises habitudes aussi.

— Si l'on réfléchit bien, intervint un grand ponte de la finance, tout est une question de timing. Il ne faut pas essayer de supprimer le PMJ en période de crise. Quand il souffle sur le Château, les Petits Cochons le soutiennent. Il faut attendre une accalmie et le trucider dans l'indifférence générale, sans mobile trop apparent.

— Oui, évidemment, mais cela exige une longue période de calme. Et pour cela il faudrait que vous vous fassiez plus discrets. Non seulement il faudrait arrêter les magouilles, mais aussi soigner les apparences. Par exemple, ce bal incessant de grosses cylindrées qui entrent et qui sortent du Château me paraît mal venu. Si l'on veut que le vent s'atténue, il faut éviter de provoquer le PMJ.

— Vous remarquerez que, lorsque j'étais Président, j'ai supprimé la Garden party, souligna l'ancien Président qui voulait le redevenir.

— C'était une réforme d'envergure, reconnut le Patron avec une pointe d'ironie. Pour faire des économies sans se priver, il n'y a rien de mieux que de garder le champagne et les petits-fours pour les seuls hôtes du Château.

Le Président en exercice était resté silencieux jusque-là. Il avait écouté le Patron et pensait avoir compris le fond de sa pensée.

— Croyez-vous que le PMJ laissera le Château tranquille si nous ne lui donnons plus de raisons de souffler dessus ?

— C'est exactement cela, acquiesça le Patron. Il faudrait...

— Moi, je n'ai rien à voir là-dedans. Permettez que je retourne dans mes appartements, dit un ancien Président encore plus ancien que les deux autres.

— Vous pouvez, dit le Patron. Je vous ai convié pour des raisons de protocole mais vous n'avez aucune utilité ici.

Le très ancien Président quitta les lieux, un peu vexé mais soulagé. Il aspirait à retourner dans sa chambre pour songer à sa grandeur passée en contemplant le tableau du sacre de l'empereur Bokassa Ier et les photos de Lady Di accrochés sur l'un des murs de sa chambre.

Un silence suivit son départ. Puis un patron du CAC 40 prit la parole sur un ton excédé :

— Moi aussi, j'ai l'impression de perdre mon temps. Que voulez-vous qu'il nous arrive ? Pour ma part, j'ai mieux à faire. J'ai des marchés à passer avec des gens qui n'ont rien à craindre du PMJ et ne savent même pas qu'il existe.

— Vous pouvez disposer. De toute façon, nous allons parler technique et non valises de billets et commissions en tout genre. Pour une fois, je souhaiterais que nous analysions sérieusement la situation et les options qui s'offrent à nous. Mon conseiller va nous brosser la situation.

Le conseiller du Patron se leva et prit la parole.

— Trois options sont envisageables. La première consiste à tenter de supprimer le PMJ. Elle paraît aujourd'hui difficilement réalisable car l'échec de la dernière tentative a singulièrement renforcé sa popularité.

— Je ne comprends pas comment le PMJ peut être populaire, intervint l'ancien Président qui souhaitait le redevenir. On a bien expliqué qu'il était un danger public, qu'il soufflait sans discernement sur les maisons de paille.

— C'est exact, reprit le conseiller. Le PMJ n'est pas populaire quand il souffle sur les maisons de paille à tort et à travers. Il l'est davantage quand il souffle sur les maisons de bois des mafieux et il devient carrément sympathique quand il souffle sur le Château de brique. Or, ces derniers temps, il n'arrête pas de souffler sur le Château. Et ça, les Petits Cochons adorent. Ils ont l'impression qu'ils ne sont pas les seuls à en prendre plein les oreilles. En fait, les Petits Cochons aiment le PMJ quand il s'en prend à nous pour la bonne raison que les Petits Cochons ne nous aiment pas.

Un long silence s'ensuivit.

— Peut-être pourriez-vous, reprit le Patron, couper tout lien avec les maisons de bois mafieuses ?

Un silence pesant emplit la grande salle.

— Je vous rappelle, souligna le Patron, que les Petits Cochons détestent être pris pour des jambons. Qu'un PMJ souffle leur maison, passe encore, mais que des hôtes du Château de brique s'allient à la racaille des maisons de bois leur est insupportable. Pour eux, et à juste titre, les brigands des maisons de bois droguent leurs enfants, enlèvent leurs filles, volent leurs économies en faisant miroiter des placements lucratifs, détruisent leurs emplois depuis leurs paradis off shore. Je suis désolé de revenir à de vieux principes mais, sous l'Ancien Régime, le Roi savait qu'il devait protéger ses sujets. Et si l'on remonte encore plus loin, le premier Château servait à abriter les Petits Cochons quand des barbares des maisons de bois attaquaient la contrée.

— Des Petits Cochons admis dans le Château ? C'est impossible ! s'insurgèrent en chœur plusieurs convives.

— Ah bon ? Et que dire de vos invités, des prostituées et des parvenus que vous faites entrer au Château ? Que dites-vous des opportunistes qui viennent à tous les repas parce qu'ils vous font des faveurs en tout genre et, généralement, de gros chèques pour vos élections? Que dites-vous des actionnaires que vous gavez de caviar dans l'arrière-cuisine pour les convaincre qu'un plan de licenciement serait bien venu même si les bénéfices n'ont jamais été aussi florissants? Que pensez-vous des puissants étrangers qui plantent leur tente dans la cour de l'Élysée ou qui viennent assister au défilé du 14 juillet alors que dans leur pays ils occupent leurs loisirs à égorger des Petits Cochons? À combien de criminels avez-vous serré la main pour vendre des armes, des centrales, des avions et parfois même pour leur soutirer de quoi assouvir vos vices ou régler vos problèmes de trésorerie? Qui n'avez-vous pas invité au Château pour arranger vos petites affaires, pour être élu ou réélu Président du conseil d'administration, député, sénateur, ou même Président de la République? Et quand on vous parle de l'époque où le Château servait, non seulement à vos agapes mais aussi à protéger les Petits Cochons, vous jouez les offusqués!

— Vous parlez comme le PMJ! s'exclama un grand ténor du barreau.

— Taisez-vous. Vous ne comprenez rien à rien. Je suis le créateur et le protecteur du Château. Par vos comportements viciés, vous le mettez en péril. Vous donnez du souffle au PMJ.

— Et vous, vous lui donnez trop d'importance, rétorqua l'avocat.

— Nous sommes dans le même bateau, reprit le Patron, et nous devons ensemble trouver une solution. Je propose que mon conseiller reprenne son exposé.

Le conseiller sourit malicieusement.

— Je disais donc que la suppression du PMJ paraît aujourd'hui difficilement envisageable. Cette option redeviendra peut-être d'actualité quand le PMJ soufflera par erreur sur une maison de paille. Il ne faudra pas hésiter à mettre le paquet. Les médias qui lui sont aujourd'hui acquis le déchiquetteront.

— Au fait, demanda l'ancien Président qui aspirait à le redevenir, a-t-on conservé l'observatoire des erreurs du PMJ que j'avais mis en place pour ne louper aucune de ses bévues ?

— On l'a conservé mais il est en sommeil, précisa le conseiller. De plus, il ne sert à rien d'échafauder des plans pour supprimer le PMJ si l'on ne sait pas comment le substituer. En fait, nous avons deux questions principales à nous poser. Dans l'hypothèse de la suppression du PMJ, par quoi pouvons-nous le remplacer ? Et dans l'hypothèse du maintien du PMJ, comment pouvons-nous limiter sa capacité de nuisance ?

— Je pense que mon conseiller a bien clarifié le débat, souligna le Patron. Je propose que les partisans de la suppression du PMJ préparent leur argumentaire pour notre prochaine réunion et que les partisans du maintien du PMJ fassent de même.

— Ça m'étonnerait que vous trouviez un partisan du maintien du PMJ parmi les hôtes du Château, souligna l'ancien Président.

— Moi, je connais un sénateur qui est pour sa survie sous certaines conditions, souligna le Président en exercice.

— Mais est-il un hôte du Château ? questionna le Patron.

— Non, admit le Président.

— Dans ce cas, je m'oppose à ce qu'il participe au débat. Ce n'est pas conforme au règlement du Château, souligna un ténor du barreau dont le plus profond désir était de voir le PMJ se balancer au bout d'une corde.

— C'est effectivement contraire au règlement, confirma le Patron. Comme il serait tout de même bon qu'un peu de contradiction s'instaure dans un débat aussi complexe, je vais faire placarder un peu partout dans le Château un appel à candidature et nous verrons bien si quelqu'un se présente.

CHAPITRE SIX

— Bon, cette fois-ci, vous me la racontez votre histoire de lieutenant criminel ? Vous m'avez mis l'eau à la bouche la dernière fois, dit le docteur Bleuler sur un ton de reproche.

— C'est que je pensais…

— Ah quoi ?

— Plutôt à qui.

— À qui ? Intéressant. Seriez-vous amoureux ?

— Non, mais je le fus il y a longtemps.

— Et que s'est-il passé ?

— Je l'ai trahie, comme tous les autres l'ont fait. Mais je n'ai aucune envie de vous en parler.

— D'accord, c'est à vous de voir mais j'attends mon histoire.

— Il faut que je plante le décor. Nous étions au tout début du XVIIIe siècle. La question préparatoire était autorisée avec parcimonie et il fallait que je sois inventif pour trouver des indices satisfaisants. D'un côté, le Roi voulait des résultats et de l'autre j'avais des moyens limités.

— L'éternel problème!

— Sauf qu'à l'époque, les âmes étaient moins sensibles aux erreurs judiciaires. Et puis l'on découvrait rarement que je m'étais trompé. Les condamnés étaient exécutés. Il n'y avait pas de révision, pas de comité de soutien, pas de recherches d'ADN. Une affaire chassait l'autre et l'homme écartelé la veille sur le fondement de quelques indices et d'un aveu arraché sous la torture était rapidement oublié.

— À propos, de quel genre de tortures s'agissait-il?

— Cela dépendait des ressorts. On usait principalement, en province, du chevalet. C'était une planche munie d'une roue sur laquelle le suspect était installé et qui servait à étirer ses membres. L'estrapade avait à peu près le même but, en plus violent. Le suspect avait les mains attachées derrière le dos. Un crochet était fixé sur le nœud de son entrave. Grâce à une poulie, il était hissé à hauteur respectable et puis on le lâchait soudainement. À Paris, on préférait les brodequins : des planches attachées autour des jambes que l'on serrait progressivement. Mais la technique la plus utilisée et la plus simple était le supplice de l'eau. Il suffisait d'allonger le suspect et de lui mettre un entonnoir dans la bouche. L'eau s'écoulait dans sa gorge jusqu'à ce qu'il ait l'impression d'étouffer. Ce n'était d'ailleurs pas qu'une impression.

— En fait, vous faisiez comme les Américains à Guantanamo.

— Exact, sauf que les Américains s'y sont mis à partir de 2001 alors que nous avons abandonné cette technique en 1780. De plus, les conditions requises pour son utilisation s'étaient renforcées en 1670. Il fallait au moins une demi-preuve. En revanche, l'ordonnance de 1670 avait singulièrement renforcé la répression par le système de la « réserve de preuves ». Jusqu'alors, la question était autorisée « sans réserve de preuves ». Les indices recueillis pendant l'enquête servaient à obtenir l'autorisation de supplicier, mais si le suspect n'avouait pas, il était acquitté. C'était quitte ou double. En 1670, malgré les nombreuses critiques des juristes et philosophes qui estimaient qu'un suspect était soit coupable soit innocent, le système de « réserve de preuves », issu d'une pratique de plus en plus courante, fut adopté pour lutter contre l'insécurité grandissante. Un supplicié qui n'avait pas avoué pouvait être condamné sur la base des indices ayant permis la question. Cependant, il encourait une peine moins importante puisqu'il avait subi la question et n'avait rien avoué. Sa peine était minorée car la justice n'était pas certaine de sa culpabilité. La peine de mort était proscrite.

— C'était absurde et ignoble. Et il est évident que cette période de votre vie a eu une influence importante sur la construction de votre personnalité.

— Ne me faites pas rire ! Que croyez-vous que les tribunaux correctionnels et les cours d'assises fassent aujourd'hui ? Eux aussi, quand ils condamnent du bout des lèvres, minorent la peine... au cas où ils se seraient trompés. Pour en revenir à mon histoire, l'ordonnance de 1670 avait donc modifié la donne. En revanche, elle n'avait pas touché à deux garanties essentielles datant de l'ordonnance de Blois de 1498. La première garantie consistait dans l'impossibilité de soumettre de nouveau à la question un suspect sans nouvel élément de preuve. La seconde garantie concernait au contraire le suspect qui avait avoué sous la torture. Je devais l'interroger de nouveau et sans contrainte, « sur-le-champ et derechef », pour valider ses aveux.

— Et s'il ne les renouvelait pas ?

— C'était assez rare. La présence de l'avocat était interdite pendant l'application de la question et lors de l'interrogatoire qui s'ensuivait. Le suspect était soulagé que les tortures prennent fin et s'empressait, la plupart du temps, de confirmer ses aveux, de peur que les tortures ne reprennent. Il ignorait qu'il n'était en théorie pas possible de lui appliquer de nouveau la question pour les mêmes faits. Et ce n'est pas moi qui allais le lui dire. Je n'ai jamais apprécié les suspects qui reviennent sur leurs aveux.

— N'avez-vous pas de remords d'avoir participé à cette horreur ?

— C'était il y a longtemps. Voulez-vous que je vous raconte ce que l'on faisait subir aux fous, dans les hôpitaux, au début du XVIIIe siècle ? Même aujourd'hui, ce n'est pas joli, joli !

— Pardonnez-moi. Je ne devrais pas vous interrompre sans cesse. Ce n'est pas très professionnel mais j'ai parfois du mal à supporter votre histoire.

— Je sais. C'est pareil pour moi. L'injustice me révolte, même si à l'époque je trouvais cela normal, comme je trouvais normal que les inculpés n'aient pas accès à la procédure et n'aient pas droit à un avocat, que toute l'instruction soit secrète. J'ai aussi trouvé logique, pendant très longtemps, que l'avocat ne soit pas admis en garde à vue et maintenant je m'en accommode. Paradoxalement, l'ordonnance de 1670, qui voulait accroître la répression, a sonné le glas de la question préparatoire.

— Pourquoi donc ?

— Elle a ébranlé l'édifice. C'est toujours compliqué de faire une réforme car la procédure pénale est un château de cartes. En validant la pratique de la réserve de preuves, l'ordonnance de 1670 a rendu l'aveu moins essentiel. Ce n'était plus quitte ou double puisque même sans aveu il était possible de condamner. Cette ordonnance a rendu ma fonction encore plus importante. Une enquête bien faite pouvait dorénavant se passer d'aveu. Alors pourquoi soumettre à la question un suspect qui sera de toute façon condamné ? L'utilité résiduelle de la question résidait dans la possibilité de condamner à mort. Ce n'était pas négligeable, d'autant que les infractions permettant l'usage de la question étaient les plus graves.

— Pour quelles infractions pouvait-on poser la question ?

— Celles pour lesquelles la peine de mort était encourue et il y en avait bon nombre : les cas de sorcellerie, de lèse-majesté, les homicides, les crimes sexuels, certains vols aggravés mais aussi la plupart des délits commis en récidive.

— Existait-il déjà une peine plancher pour les récidivistes ?

— Exactement. La peine était aggravée et, en guise de plancher, il y avait la planche de bois sur laquelle on allongeait le suspect pour le soumettre à la question. Je vais vous raconter l'histoire que je vous avais promise et vous allez mieux comprendre. Cette affaire a fait du bruit dans Landerneau.

— C'était en Bretagne ?

— Oui, mais pas à Landerneau, à Morlaix, en 1701.

CHAPITRE SEPT

Je suis arrivé sur les lieux du crime vers 8 heures. Le corps était étendu sur la neige au milieu du chemin. Il était allongé sur le ventre. Les cavaliers de la maréchaussée ne l'avaient pas retourné. Ils avaient pour consigne de ne toucher à rien avant mon arrivée. C'était une consigne générale que j'avais du mal à faire respecter. Les gens d'armes ne comprenaient pas toujours la nécessité de préserver la scène de crime. Cette fois-ci, ils n'avaient pas touché au cadavre mais n'avaient pas préservé un périmètre suffisant autour du corps. Ce fut la première chose qui me sauta aux yeux en arrivant. Le chemin était piétiné de toutes parts par les sabots des chevaux. J'en fis la remarque au Sergent. Le meurtre avait eu lieu sur un petit chemin rejoignant la grande route reliant Morlaix à Carantec. En ce mois de janvier glacé, ce chemin était peu fréquenté. Si les cavaliers avaient mis pied à terre plus en amont, j'aurais pu relever des traces intéressantes. Une neige fraîche recouvrait entièrement le chemin. Il eût été facile d'évaluer le nombre d'agresseurs, la direction prise par ceux-ci et l'utilisation ou non de chevaux. Maintenant, c'était devenu impossible. La pollution des scènes de crime a toujours été une préoccupation pour moi, en 1701 comme aujourd'hui. Les constatations initiales sont si importantes pour la suite de l'enquête. Quand une enquête criminelle commence mal, il est très difficile de rétablir le tangage. Les erreurs judiciaires se construisent souvent dans les premières minutes.

Fort heureusement, l'arme du crime n'avait pas été déplacée. Une grosse pierre se trouvait à un mètre à peine du visage de la victime. Elle était maculée de sang. Le cadavre présentait une plaie profonde et large sur la tempe droite. On voyait distinctement sur la neige des projections de sang à gauche du cadavre. Je demandai au Sergent de m'indiquer de quelle façon la maréchaussée avait été prévenue et j'appris qu'un témoin était venu les quérir. Il se trouvait sous bonne garde dans une auberge à l'entrée de Morlaix. Le Sergent m'indiqua également que le médecin était en route pour les constatations sur le corps. En l'attendant, je dictai mes observations de la scène de crime à mon greffier pour la rédaction future de mon procès-verbal de transport. J'entrepris également de dessiner un croquis de la scène. D'ordinaire, le greffier s'occupait de cette tâche mais le mien était un piètre dessinateur, tandis que, sans me vanter, j'étais assez doué. Je pris soin de bien faire figurer les multiples traces des sabots de la maréchaussée qui avaient rendu impossible la découverte d'indices pertinents. Je notai l'heure de l'établissement du croquis.

Le médecin expert arriva alors que j'achevais mon travail. J'avais déjà fait appel à lui. Je l'appréciai surtout parce qu'il était capable de dessiner les cadavres comme personne, avec un souci du détail remarquable. Il retourna délicatement le corps, ne constata aucune plaie apparente autre que l'enfoncement de la tempe droite. Il me tendit les papiers et la bourse trouvés dans le manteau de la victime :

— Je le connais, dit-il. Il s'agit de Jean le Goff. Son père est Loïc le Goff, un fabricant exportateur de crées[1], au bord de la faillite.

— Oui, je vois de qui il s'agit. Il a deux fils jumeaux.

— Ou plutôt « avait », reprit le docteur.

— En tout cas, son agresseur ne lui a pas dérobé sa bourse.

Tandis que la victime était placée sur une charrette pour être conduite à Morlaix, je pensai à Loïc Le Goff. Décidément, tout allait de mal en pis pour

1. Les crées étaient des toiles, généralement de lin, entièrement fabriquées sur place.

lui. Depuis vingt ans, son commerce n'avait cessé de péricliter. Il avait été un important fabricant et exportateur de toiles de lin vers l'Angleterre. Le tissage de ces crées avait longtemps apporté à la région un complément de ressources considérable. Mais le Roi, conseillé par Colbert, avait décidé de taxer lourdement l'importation des draperies anglaises dans le royaume. Cette décision permit dans certaines régions un regain de compétitivité. En Bretagne et en particulier dans le Léon, ce fut l'inverse. La Bretagne exportait bien plus de toiles vers l'Angleterre qu'elle n'importait de draperies. En rétorsion, les Anglais taxèrent tout aussi lourdement les toiles bretonnes et se tournèrent vers d'autres marchés, en Hollande et en Allemagne. Ils développèrent leurs propres fabriques en Irlande où la main-d'œuvre était très bon marché. À Morlaix, chacun savait que le Roi avait sacrifié les crées bretons et le ressentiment était fort, d'autant que la révolte du papier timbré[1] était encore dans toutes les mémoires.

Le docteur me tira de mes pensées. Il voulait ramener le plus vite possible le corps à Morlaix pour procéder à un examen approfondi.

1. En 1675, Louis XIV décida de créer une taxe sur le papier timbré servant à établir les actes authentiques. Ce fut l'impôt de trop. La réaction fut particulièrement violente en Bretagne. En plusieurs endroits, les Bretons se coiffèrent d'un bonnet rouge, lequel est récemment revenu à la mode.

— Je ne pourrai pas être précis sur l'heure de la mort. Le corps a déjà commencé à refroidir, mais étant donné la température extérieure, ça ne veut pas dire grand-chose.

— D'après ce que disent les cavaliers, la neige a cessé de tomber une bonne heure avant l'arrivée du témoin. Or la neige n'a pas recouvert les traces de sang sur le sol et sur la pierre. Il n'y avait également aucune trace de neige dans le dos de la victime. L'heure de la mort ne devrait pas poser problème. Bon, je vous rejoins à l'hôpital dès que possible. Il me tarde d'entendre ce témoin.

Après le départ du docteur et du cadavre, je fis une dernière inspection des lieux et nous partîmes pour l'auberge. J'y trouvai mon témoin, emmitouflé dans une grande couverture. Ce n'était manifestement pas un paysan mais plutôt un représentant ou un commerçant. Je préférai cela. Les gens éduqués expliquaient mieux. J'entrepris, avec l'aide de mon greffier, de dresser procès-verbal sur-le-champ et sans désemparer. Je fis prêter serment au témoin. Il semblait être très contrarié et réticent à raconter ce qu'il avait vu. Finalement, il se décida :

— Je m'appelle Jacques Brilhac. Je suis fabricant de peignes à lin à Saint-Pol-de-Léon. Je devais me rendre à Morlaix pour y rencontrer un client. J'ai dormi à l'auberge de Taulé et j'ai pris la route vers 3 heures. J'ai rejoint la grand-route de Morlaix. Vers 5 heures, j'ai entendu des cris à ma droite. Ça venait du chemin qui mène à la route de Carantec. J'ai décidé d'aller voir. Je n'avais pas fait cinquante pas sur le chemin que j'ai vu un homme au-dessus d'un corps. Je me suis approché. Je suis descendu de cheval et j'ai reconnu un fils Le Goff. Dès qu'il m'a aperçu, il s'est enfui en courant.

— Vous connaissiez les fils Le Goff?

— Très bien. Même dans l'état où il se trouvait, allongé sur le ventre et la tête de profil, j'ai bien reconnu un fils Le Goff. Je les ai vus grandir, les jumeaux, car j'ai beaucoup travaillé avec leur père Loïc. Seulement, je ne peux pas vous dire lequel était dessous et lequel était dessus.

— Comment ça ? Je ne comprends pas.

— Ben c'est simple, la victime c'est un fils Le Goff et l'agresseur, c'est l'autre fils Le Goff. Ils se ressemblent comme deux fils de lin.

— Vous voulez dire que c'est le frère de la victime que vous avez vu au-dessus du corps ?

— Comme je vous vois. Il était à califourchon sur son frère. D'ailleurs, savez-vous lequel des deux est la victime ?

— D'après les papiers que l'on a trouvés sur le corps, c'est Jean.

— Bon, dans ce cas, c'est Armand qui a fait le coup. D'ailleurs ça ne m'étonne pas. Armand détestait son frère.

— Attendez, attendez, doucement. Avez-vous vu Armand frapper son frère ?

— Non, mais c'est tout comme. Je les connais, les deux gaillards. Si c'est pas Armand qui a fait le coup, alors pourquoi s'est-il enfui dès qu'il m'a vu ?

— Bonne question. Logiquement, il aurait dû vous demander de l'aide pour venir au secours de son frère. Vous avez également dit qu'Armand détestait son frère. Pour quelle raison ?

— C'est une longue histoire. Quand ils étaient enfants, ils étaient inséparables. Les choses se sont gâtées plus tard. Armand a eu l'impression que son père avait une préférence pour Jean. C'est vrai qu'il lui confiait plus de responsabilités. Cela dit, Jean avait fait l'effort d'apprendre l'anglais. C'était plus facile pour vendre les toiles. Du coup, quand Loïc a décidé de se mettre en retrait il y a un an, il a mis Jean comme responsable de la fabrique et Armand a refusé de continuer à travailler dans l'entreprise familiale. Et puis il y a surtout eu cette histoire de fille. Les deux garçons sont tombés amoureux de la même mais c'est Jean qui a emporté le morceau. D'ailleurs, il l'a épousée. Depuis, les deux frères se bagarrent pour un oui ou pour un non.

— Où vit Armand ?

— Chez son père, tout près d'ici. Ça me fait de la peine pour lui. Les affaires, c'est plus ça. Quant à ses deux fils ! Jean est mort et vous allez pendre Armand. Il est fini, le Loïc.

— On n'en est pas encore là. Qu'avez-vous fait après la fuite d'Armand ?

— Je me suis approché de Jean. Je ne l'ai pas touché. Je ne pouvais rien faire pour lui. Il avait son compte.

Je décidai d'écourter l'audition et de rejoindre au plus vite l'Auditoire de Morlaix[1]. Le plus urgent était d'arrêter Armand Le Goff. Par chance, le Procureur du Roi était présent. Je lui montrai le procès-verbal d'audition et il me requit sur-le-champ un décret de prise de corps. Mon greffier le prépara. Je le signai et y apposai mon sceau. Je le donnai au Sergent de garde qui partit avec quatre cavaliers pour procéder à l'interpellation du suspect. Je pus enfin souffler quelques minutes et manger un morceau. En fin de matinée, je retrouvai le docteur pour recueillir ses conclusions. Le corps nu était allongé sur le dos, sous un drap de lin que le docteur retira pour illustrer ses propos.

— Il n'y a eu qu'un seul coup avec la grosse pierre que vous avez saisie. Le choc a été très violent et a fracturé la tempe droite. Dans l'hypothèse d'une dispute, on peut en conclure que le coup a été donné de face par un gaucher. Avec sa main gauche, un droitier n'aurait pas eu la force suffisante pour faire autant de dégâts. Et d'ailleurs pour quelle raison un droitier aurait-il saisi une pierre de la main gauche ?

1. L'Auditoire était le nom donné au Tribunal.

— Imaginons que les deux hommes se roulent au sol et que l'un d'entre eux prenne l'objet qui se trouve à portée de sa main gauche.

— Oui, mais il n'y a aucune trace de bagarre. Il n'y a qu'un seul coup, aucune excoriation et aucune ecchymose. C'est une agression pure et simple et, si vous voulez mon avis, ce n'est pas un voleur qui a fait ça.

— Effectivement. Les voleurs utilisent des armes blanches et emportent les bourses. Celle de Jean Le Goff était pleine.

À 16 heures, le Sergent vint à l'Auditoire me faire son rapport. Armand Le Goff ne se trouvait plus chez son père. Il avait emporté quelques affaires et annoncé à son père qu'il avait trouvé un travail chez un fabricant de toiles de chanvre de Saint-Malo. Comme il avait été incapable de donner le nom de ce fabricant, son père ne l'avait pas cru et avait essayé de le dissuader de partir. Le fils était parti tout de même. La cavale d'Armand Le Goff ne dura pas longtemps. Il fut arrêté quelques jours plus tard à Roscoff alors qu'il tentait de s'embarquer pour l'Angleterre. Il fut ramené à Morlaix et écroué dans la prison de l'Auditoire. Mon instruction était en bonne voie. J'avais déjà entendu Loïc Le Goff et de nombreux témoins qui confirmaient tous la mésentente entre les jumeaux. Un témoin avait même, quatre jours avant le meurtre, entendu Armand menacer son frère de mort à l'occasion d'une nouvelle dispute. Il était également établi que Jean Le Goff avait quitté son domicile à pied pour rejoindre la demeure de son père située à une demi-lieue à peine. Armand Le Goff était parti de chez son père à pied aussi à peu près à la même heure. Il était évident que les deux frères s'étaient rencontrés sur la route et qu'une querelle avait éclaté une fois de plus. Le Sénéchal m'avait félicité pour cette enquête rondement menée et la qualité de mes auditions. Le Procureur était également satisfait. Le fait qu'Armand Le Goff soit gaucher était, selon son expression, une cerise sur la galette. Je pensai moi aussi que cette affaire allait vite être clôturée. C'était sans compter l'obstination d'Armand Le Goff qui refusa de reconnaître les faits. Il affirma ne pas avoir frappé son frère. Il avait vu son corps dans la neige et s'était approché. Voilà tout.

— Et pour quelle raison avez-vous pris la fuite ?

— Je n'ai pas pris la fuite.

— Le témoin Jacques Brilhac m'a assuré le contraire. Voulez-vous être confronté à lui ?

J'organisai la confrontation, après le récolement du témoin[1]. Jacques Brilhac confirma qu'Armand l'avait bien vu arriver et avait pris la fuite. Armand Le Goff

1. Un témoin était toujours entendu une seconde fois par le lieutenant criminel. Cette nouvelle audition, appelée le récolement, permettait de s'assurer que le témoin maintenait sa version des faits.

admit alors, pour la première fois, qu'il avait effectivement pris la fuite, de peur qu'on l'accuse d'avoir tué son frère.

— Pourquoi vous aurait-on accusé ?

— Parce que tout le monde sait que je le déteste. Tout le monde aurait prétendu que je l'avais tué pour avoir sa place dans la fabrique et surtout pour avoir sa femme.

— Que faisiez-vous sur ce chemin ? Votre frère venait de quitter son domicile pour rejoindre son travail chez votre père, comme tous les jours, mais vous ?

Armand Le Goff refusa de répondre à cette question et je ne pus rien en tirer d'autre. Loïc Le Goff déclara qu'il arrivait qu'Armand quitte la maison de bon matin sans raison particulière. Il cherchait du travail depuis qu'il avait refusé de travailler pour la fabrique.

Mon instruction touchait à sa fin. Le dossier était solide mais je n'avais pas réuni une preuve pleine. Il n'y avait qu'un seul témoin des faits et encore n'avait-il pas vu Armand porter le coup fatal. Par contre, les indices étaient nombreux et concordants. Armand Le Goff avait refusé d'expliquer sa présence sur le chemin, pris la fuite à l'arrivée du témoin, tenté de voguer vers l'Angleterre. Il était le seul à qui le crime aurait pu profiter. L'action crapuleuse d'un bandit de grand chemin semblait exclue tant en raison de l'utilisation d'une pierre que de l'absence de vol. Je résolus donc de faire une demande officielle au Sénéchal afin d'être autorisé à appliquer la question préparatoire. Le Procureur y était favorable. Le dossier était assez solide en l'état pour qu'Armand soit condamné aux galères mais la peine de mort était exclue. Or le Procureur estimait qu'un crime aussi abject rendait indispensable l'exécution d'Armand Le Goff. Je partageai son avis. Toutefois, la décision revenait au Sénéchal. Celui-ci avait une opinion mitigée sur le principe même de l'utilisation de la question préparatoire. Son second, l'Alloué, y était philosophiquement opposé. Il était connu pour cela. Le Procureur se moquait souvent de lui à ce sujet en détournant une chanson populaire : « Alloué, gentil Alloué, Alloué, je te plumerai. »

Dans le cas présent, mon dossier était très solide et le Sénéchal autorisa la question. C'était extrêmement rare. L'appel automatique devant le Parlement prévu par l'article 7 de l'ordonnance criminelle de 1670 impliquait que la décision de recourir à la question préparatoire soit extrêmement bien motivée. En préparant mon interrogatoire, je me rendis compte que j'avais donné trop de détails au suspect lors des interrogatoires ordinaires. Je lui avais parlé du mode opératoire et surtout de l'utilisation de la pierre pour frapper son frère. Ce n'était pas très malin de ma part. Normalement, il fallait toujours garder quelques détails en réserve pour vérifier la crédibilité des aveux. Comme le suspect n'avait pas accès à la procédure, il était facile de détecter les aveux de complaisance. C'était l'un des avantages du caractère secret de la procédure.

En concertation avec le médecin qui devait m'assister lors de l'application de la question, je décidai d'utiliser le chevalet. Les décès accidentels étaient plus rares avec le chevalet qu'avec l'estrapade ou les brodequins. C'était aussi un procédé plus progressif que le supplice de l'eau. Avec le chevalet, je pouvais y aller doucement au début et, bien souvent, les suspects avouaient avant que l'étirement n'ait causé des dégâts irréversibles. Évidemment, le choix de l'instrument de torture était lié à la robustesse de la personne soumise à la question. Pour les femmes, le supplice de l'eau était bien préférable. Leurs chevilles et leurs poignets résistaient mal aux compressions ou étirements et les accidents étaient fréquents.

Au jour fixé, je me rendis en chambre de question avec mon greffier. Nous avions déjà préparé l'en-tête du procès-verbal mentionnant notre présence, celle du bourreau et celle du médecin. Le procès-verbal de question était un acte très formaliste. Il fallait y mentionner le moindre incident, la moindre déclaration et le déroulement précis des opérations. C'est ainsi que pour le supplice de l'eau, je devais mentionner le nombre de litres versés, les interruptions, le temps laissé au suspect pour reprendre ses esprits. Avec le chevalet, c'était un peu plus simple car la roue qui permettait l'écartèlement était crantée. Il me suffisait de préciser au procès-verbal le nombre de crans franchis chaque fois.

Le bourreau venait à peine de finir le graissage de son matériel qu'Armand Le Goff me fut amené. Je lui fis prêter serment, la main droite posée sur les évangiles, de dire toute la vérité. Il fut allongé et attaché dans le plus grand silence sur le chevalet. Je lui rappelai le châtiment qui serait le sien dans l'au-delà s'il se parjurait devant Dieu et lui posai la première question :

— Armand Le Goff, devant Dieu et le Roi, source de toute Justice, avez-vous tué votre frère Jean Le Goff?

— Non, je suis innocent.

Je fis signe au bourreau de serrer d'un quart de roue. Mon greffier le mentionna sur le procès-verbal. Armand Le Goff émit un petit grognement. Mon greffier le mentionna également. Je reposai ma question.

— Armand Le Goff, devant Dieu et le Roi, source de toute Justice, avez-vous tué votre frère Jean Le Goff?

— Je n'ai rien fait.

Je demandai au bourreau de serrer d'un quart de roue supplémentaire. Cette fois-ci, Armand Le Goff hurla de douleur. Mon greffier l'inscrivit sur le procès-verbal. Au bout de dix secondes, Armand le Goff se tut. Son corps s'était habitué à cet écartèlement. Les muscles s'étaient distendus et avaient évité la rupture.

— Pour l'amour de Dieu, Le Goff, soulagez votre conscience.

— Je suis innocent. Je vous jure que je suis innocent.

Les mots sortaient plus difficilement car sa respiration était saccadée. Je pris l'avis du médecin qui écouta le cœur du suspect et ausculta soigneusement ses membres inférieurs et supérieurs, en particulier à la hauteur des chevilles et des poignets. Le médecin indiqua que je pouvais ordonner de serrer un quart de roue supplémentaire. Son avis fut inscrit sur le procès-verbal.

— Le Goff, je vais donner l'ordre de serrer encore. Êtes-vous prêt ?

— Non, arrêtez. J'avoue. J'ai tué mon frère.

— Racontez-moi.

— Je l'ai rencontré sur le chemin. Nous nous sommes disputés. J'ai pris une pierre et j'ai frappé.

— À quel endroit ?

— Sur la tempe.

— Se tenait-il face à vous quand vous l'avez frappé ?

— Oui, oui. Pitié, desserrez, desserrez !

— Pourquoi l'avez-vous tué ?

— Par colère. J'étais jaloux. Je n'en peux plus. Pitié, desserrez.

— Une dernière question : que faisiez-vous sur ce chemin ?

Je vis dans son regard affolé qu'il ne savait pas quoi répondre et je reposai ma question une fois, deux fois.

Il ne répondait toujours pas. Il se tordait sur le chevalet comme s'il luttait contre lui-même.

— Armand Le Goff! Vous avez avoué un crime abject. Me donner la raison de votre présence sur ce chemin n'y changera rien!

— Je ne peux pas. Pitié. J'ai avoué.

Je fis signe au bourreau de desserrer la roue. Je n'étais pas satisfait car l'obstination d'Armand Le Goff à cacher la raison de sa présence sur le chemin était la preuve de l'importance de ce détail. Mais il avait avoué. Poursuivre l'application de la question pour un détail, aussi important soit-il, n'était pas raisonnable.

Armand Le Goff fut retiré du chevalet, allongé sur le matelas et soigné sommairement par le médecin. Je lui fis servir un verre de liqueur et débutai l'interrogatoire de réitération. Armand Le Goff renouvela ses aveux sans difficulté mais refusa de nouveau de m'indiquer la raison de sa présence matinale sur les lieux du crime. Je pensai tout d'abord qu'il voulait cacher le caractère prémédité de son acte mais, après réflexion, il me parut évident que s'il avait prémédité son crime, il se serait muni d'une arme blanche.

Je m'apprêtai à clôturer mon instruction et à envoyer Armand Le Goff à une mort certaine lorsque je fus appelé à me rendre sur les lieux d'un nouveau crime. Le cadavre se trouvait à peu près au même endroit que celui de Jean Le Goff. La victime, un meunier de Dourduff, avait été tuée d'un seul coup assené à l'aide d'une grosse pierre. Deux marins-pêcheurs étaient parvenus à interpeller le criminel en lui lançant un filet de pêche depuis leur charrette. C'était une sorte de vagabond, un étranger du nom de Pierre Le Guinehec qu'on avait vu rôder dans les environs ces derniers temps. Les deux témoins étaient formels. Ils l'avaient vu surgir derrière le meunier et le frapper avec une pierre à hauteur de la tête. Je pensai immédiatement à l'affaire Le Goff.

L'interrogatoire de Pierre Le Guinehec ne répondit pas à mes attentes. Il nia les deux crimes. Pour le premier, cela ne posait pas problème car j'avais une preuve pleine. Pour le second, je n'avais que des similitudes entre les deux crimes. De plus, Pierre Le Guinehec était droitier. Ce dernier point fut résolu. L'analyse du second crime fit jaillir l'étincelle. Les témoins étaient en effet formels : Pierre Le Guinehec avait surgi derrière la victime qui avait eu le temps de se retourner avant d'être frappée. J'émis donc l'hypothèse que Pierre Le Guinehec ait suivi le même mode opératoire pour agresser Jean Le Goff. Or il était parfaitement envisageable que ce dernier, se rendant compte d'une présence derrière lui, ait commencé à pivoter de la gauche vers le droite. Il était donc possible qu'il ait présenté son profil droit à son agresseur au moment du coup porté. Ce scénario devenait parfaitement compatible avec un coup porté par un droitier. Le médecin expert avait trop vite conclu à un coup porté par un gaucher parce qu'il n'avait envisagé que l'hypothèse d'une agression de face. Tout cela, cependant, restait très théorique. J'avais d'un côté un condamné à mort qui avait avoué en chambre de question et de l'autre la seule alternative de demander de nouveau l'application de la question à mon nouveau suspect.

— Vous n'y pensez pas ! s'écria le Procureur. Vous voulez appliquer la question à un suspect pour démontrer que la question a été appliquée à tort à un autre suspect et que, de surcroît, elle a abouti à de faux aveux. Vous voulez la peau du système ou quoi ?

— D'un autre côté, si Armand Le Goff est innocent, on ne peut tout de même pas le pendre.

— Il n'est pas innocent puisqu'il a avoué !

Le Procureur se rendit immédiatement compte de la faiblesse de son argument et, une heure plus tard, lors de la réunion de crise organisée par le Sénéchal, il insista uniquement sur le danger de mettre en lumière de façon si évidente les défauts du système. L'utilisation de la question préparatoire était déjà très contestée et cette affaire pouvait bien lui porter le coup de grâce. Par un curieux paradoxe, l'Alloué, opposant obsessionnel de la question préparatoire, fut d'avis qu'il fallait l'appliquer à Pierre Le Guinehec. Le Procureur se fit un malin plaisir de souligner cette inconséquence mais l'Alloué ne se démonta pas. S'il était opposé à la question préparatoire, il l'était encore plus à la pendaison d'un innocent. Le Sénéchal partagea l'avis de l'Alloué, mais souligna qu'en l'état je n'apportais pas assez d'éléments pour soumettre mon nouveau suspect à la question préparatoire. Si je parvenais à construire un dossier plus solide, j'aurais le feu vert.

Les jours qui suivirent furent difficiles. Je ne dormais plus. Je réfléchissais sans cesse à la façon de recueillir des éléments suffisamment pertinents contre Pierre Le Guinehec. J'eus le déclic au petit matin, après sept jours passés à me torturer les méninges. Et cette idée qui pouvait tout changer fut mise en application deux jours plus tard, à l'occasion d'une reconstitution.

Pierre Le Guinehec fut conduit sur les lieux du crime. Les cavaliers de la maréchaussée avaient interdit l'accès au chemin. Pierre Le Guinehec ne comprenait pas ce qu'il faisait là. Je lui expliquai qu'il allait devoir marcher derrière la victime et faire semblant de l'agresser.

— Mais je n'ai pas frappé Jean Le Goff !

— Faites comme si.

Il accepta de se prêter au jeu et s'approcha de l'homme que j'avais choisi pour jouer le rôle de Jean Le Goff. Il était derrière lui, à cinq pas à peine. Je jetai un regard à mon greffier. Il savait comme moi que tout allait se jouer sur un coup de dés. Le figurant pivota légèrement sa tête de la gauche vers la droite. C'était l'instant. Je retins mon souffle. Un cri strident vint briser le silence des bois. Pierre Le Guinehec, paniqué, s'était mis à courir comme un dément en hurlant qu'« il » était revenu pour l'emporter. Il fut bien vite maîtrisé par la maréchaussée. Il se contorsionnait sur le sol en demandant à Dieu de lui pardonner. Je m'approchai de lui et je le relevai d'un coup sec. Il tremblait de tout son corps.

— C'est lui, monsieur le Juge, c'est lui. Il est revenu pour se venger, protégez-moi !

— Oui, Le Guinehec, c'est bien Jean Le Goff. Vous l'avez tué et il veut vous emporter en enfer.

— Oui, je l'ai tué mais ne le laissez pas faire, par l'amour de Dieu.

— Eh bien, Le Guinehec, vous allez effectivement avoir besoin de l'amour de Dieu. Mais rassurez-vous, Jean Le Goff ne vous touchera pas si vous me racontez toute l'histoire.

Le procès-verbal des aveux de Pierre Le Guinehec fut dressé sur-le-champ. Il avoua qu'il avait agressé Jean Le Goff. Il ne le connaissait pas puisqu'il venait d'arriver dans la région. C'était pour le voler. Il n'avait pas eu le temps de voler sa bourse parce qu'il avait entendu des bruits de pas précipités.

Les bruits de pas, c'étaient ceux d'Armand. J'ordonnai au Sergent de ramener à la prison Pierre Le Guinehec. Quand il fut parti, je rejoignis Armand Le Goff qui avait été conduit sous bonne escorte dans cette même auberge où un témoin avait failli sceller son sort. Je le remerciai d'avoir accepté de jouer le rôle de son frère jumeau et lui annonçai que le stratagème avait fonctionné. Armand Le Goff ne me remercia pas. Je l'avais accusé à tort et torturé et je n'attendais pas de remerciements. Mais une question me brûlait la langue.

— Vous allez être libéré. C'est terminé. Mais je voudrais savoir ce que vous faisiez sur ce chemin. Vous avez ma parole que cela restera entre nous.

— J'allais rejoindre la femme de mon frère, comme je l'ai souvent fait, mais Armand avait pris du retard ce matin-là.

Le Petit Méchant Juge s'était tu. Le docteur Bleuler profitait du silence pour réfléchir au sens de cette histoire. Pourquoi le PMJ, parmi toutes les affaires criminelles qu'il avait eu à traiter, avait tenu à lui raconter celle-ci en particulier ? Il se demandait si le PMJ était fier ou repentant. S'en voulait-il d'avoir torturé un innocent ou était-il satisfait d'avoir finalement confondu le coupable ?

— Avez-vous, de votre point de vue, des reproches à vous faire ?

— C'est une très bonne question, docteur. Je vous ai raconté cette affaire pour vous montrer que même en appliquant avec rigueur la loi, en respectant à la lettre les règles de procédure, je peux me tromper.

Voici une affaire instruite à charge et à décharge. Personne ne souhaitait spécialement qu'Armand Le Goff soit désigné comme coupable. L'instruction a tout d'abord été à charge parce que celui-ci représentait la seule piste. Dès qu'une autre s'est présentée, l'instruction a été faite à décharge vis-à-vis d'Armand Le Goff et à charge vis-à-vis du nouveau suspect. J'ai toujours agi selon ma conscience et conformément au droit. Mais il s'en est fallu d'un rien pour qu'un innocent soit condamné. C'est tout le problème. Qu'une erreur judiciaire soit commise quand la loi n'a pas été respectée ou quand le juge n'a pas agi dans les règles de l'art, c'est compréhensible, humain et même acceptable. Mais qu'une erreur judiciaire puisse être commise quand le système a fonctionné normalement, quand le juge a été diligent, quand la loi a été respectée dans la lettre et dans l'esprit, c'est beaucoup plus inquiétant. Et c'est avec cette inquiétude que je vis depuis plusieurs siècles.

— Ce que vous racontez me fait penser à l'affaire d'Outreau.

— Oui, j'ai instruit ce dossier en respectant la loi. Je n'ai pas ménagé mes efforts. Tout le monde était derrière moi, au début. On me félicitait. On me disait que les mis en examen du dossier étaient des pervers immondes, que c'était dommage qu'il n'y ait plus la peine de mort. Et puis, je me suis retrouvé avec trop de coupables, des vrais et des faux. J'avais soufflé sur trop de maisons de paille. La paille s'était mélangée. Je ne m'y retrouvais plus.

— Vous me donnez la chair de poule. Mais tout de même les choses ont changé. Vous ne torturez plus pour obtenir des aveux !

— Oh, je connais un ou deux avocats qui prétendent que la garde à vue est une forme de torture et que je reste un tortionnaire.

— J'ai cru comprendre que les avocats assistaient maintenant aux auditions en garde à vue.

— Oui, c'est récent. L'histoire de la garde à vue est une histoire à part entière. Elle est intimement liée au culte de l'aveu, la reine des preuves. Les avocats n'assistaient pas aux gardes à vue car il fallait à tout prix que les suspects avouent. Pour placer un Petit Cochon en garde à vue, nul besoin d'une « raison plausible de soupçonner » sa participation à l'infraction, comme c'est le cas aujourd'hui. N'importe qui pouvait l'être : les suspects, leur père, leur mère, leurs frères et sœurs, leurs amis. Il suffisait que cette garde à vue soit nécessaire à l'enquête. Jusqu'en août 1993, l'aveu était tellement essentiel que l'on voulait également que l'inculpé avoue devant moi lors de sa première comparution. C'est pourquoi l'avocat n'assistait pas son client lors de la notification de son inculpation. Si l'inculpé renouvelait ses aveux devant moi, c'était tout bénéfice. L'avocat attendait dans le couloir et je ne le faisais entrer que pour assister au débat sur la détention provisoire de son client.

— Mais pourquoi ce culte de l'aveu?

— Il est vrai que nous avons d'autres moyens d'enquête, notamment de police technique et scientifique, et que l'aveu devient moins important. Néanmoins, il reste indispensable en l'absence de preuves suffisantes. C'est notamment le cas pour les infractions sexuelles, surtout intrafamiliales. Bien souvent, il existe peu d'éléments matériels et le dossier se résume à la parole du suspect contre celle de la victime. Et puis même quand existent d'autres éléments de preuve, l'aveu rassure les juges et la société. Les jurés d'assises, en particulier, apprécient que l'accusé avoue. L'aveu leur enlève un poids en chassant le moindre doute de leur esprit. Mais il y a une raison plus profonde qui subsiste depuis que Saint-Louis a aboli le jugement de Dieu. Il y a dans l'aveu cette vertu expiatoire, cette confession judéo-chrétienne qui à elle seule panse les plaies, fait cesser le trouble à l'ordre public, redonne confiance dans l'humanité. Vis-à-vis de Dieu, de la société et des victimes, il faut qu'un crime soit avoué sous peine de ne pas être à moitié pardonné. Ce n'est écrit nulle part mais je sais que tous attendent l'aveu purificateur. Il faut que devant le tribunal ou la cour d'assises, face aux victimes et à la société, le condamné expie ses crimes et demande le pardon.

— Et vous y arrivez ?

— Oui, souvent, mais pour atteindre cette dimension expiatoire et purificatrice de l'aveu, il faut avoir affaire à des coupables ou à des gens qui se sentent coupables.

— Que voulez-vous dire par des « gens qui se sentent coupables » ?

— Certains criminels, légalement coupables, s'estiment innocents sur un plan moral. J'en ai connu bon nombre. Je me souviens en particulier de Ravachol et d'Émile Henry à la fin du XIXe siècle. Ils revendiquaient leur « propagande par le fait », comme ils l'appelaient, c'est-à-dire leurs actions terroristes. J'ai passé des heures à interroger des anarchistes de leur acabit sans jamais leur soutirer un remords. Des aveux, j'en avais puisqu'ils revendiquaient haut et fort leurs actes, mais de remords jamais, pas le moindre sentiment de culpabilité. J'ai retrouvé ce phénomène chez les idéologues et récemment chez les terroristes islamistes. Comment se sentir coupable quand on tue des mécréants pour la grandeur d'Allah ? Les aveux sans remords ne sont plus des aveux. Ce sont des insultes. Les victimes le savent mieux que quiconque.

CHAPITRE HUIT

Elle ne s'était plus regardée dans un miroir depuis si longtemps. Elle avait oublié ce geste simple parce qu'Elle n'avait plus goût à rien et parce qu'Elle se détestait. Son visage lui fit pitié. Ses traits fatigués, ses yeux cernés, cette absence de lumière trahissaient le doute et le dégoût. Elle vit même dans son regard éteint de la résignation, Elle qui avait toujours été révoltée, pleine de vie et d'espoir, Elle qui fut une icône de la protestation, un symbole d'un nouvel âge. Son énergie l'avait quittée comme le sable file entre les doigts, à force de ne plus y croire. Il la tenait captive dans le Château de brique depuis si longtemps ! Au début, Elle avait lutté, espéré, puis Elle avait lâché prise et avait commencé à vieillir. Elle ne chantait plus et surtout Elle n'aimait plus. Elle se donnait. Sans retenue, au premier parvenu du Château. Elle n'avait que mépris pour eux. Elle crut à plusieurs reprises que l'un d'entre eux, quoique puissant et couvert d'or, s'enfuirait avec Elle. Tous lui en firent la promesse et tous la laissèrent plus vieille, plus laide et plus flétrie que jamais. Et puis il y avait lui, le Maître, qui la détenait, n'avait aucune pitié et la détruisait à petit feu. Pour se venger, Elle le faisait souffrir en se donnant aux hôtes les moins méritants du Château. Elle n'avait rien trouvé de mieux. De temps en temps, Elle se souvenait d'avoir été heureuse, légère et forte.

Elle se couvrit les yeux. Mais son cerveau continuait à voir. Quelqu'un frappa trois coups à sa porte. Comme au théâtre. C'était sans doute cet ignoble Directeur du consortium militaro-nucléaire qui s'arrogeait le droit de l'importuner à n'importe quelle heure. Elle s'approcha de la porte.

— Allez-vous-en. Il n'y a rien à voir.

— Ouvre. C'est moi.

Ça alors, la voix du Maître, le Patron en personne.

— Que me vaut cet honneur ? demanda-t-Elle en ouvrant la porte de ses appartements.

Le Patron entra dans le vestibule et se dirigea vers le salon. Puis il la regarda avec insistance. Elle semblait vieille, malade et sale. Elle devina ce qu'il pensait.

— Eh oui, mon cher Maître, voilà ce que vous avez fait de moi. Une catin défraîchie. Vous venez contempler le résultat ? C'est assez rare. Alors profitez-en.

— Arrête, tu sais bien que je n'ai jamais voulu que tu te livres à la débauche avec ces malotrus qui ne savent pas distinguer une princesse d'une souillon.

— Oh, mille pardons. Voulez-vous que je m'habille en Cendrillon quand je me donne à eux ?

— Je ne veux rien de cela. Je veux que tu redeviennes une princesse, que tu cesses de jouer la meurtrie. Tu n'es pas obligée de t'avilir de la sorte. Tu pourrais même retrouver ta liberté, à condition de me promettre de ne pas en faire n'importe quoi.

— Si vous me libérez, je n'aurais plus deux cent vingt-cinq ans et des poussières, j'aurais de nouveau vingt ans et j'agirais à ma guise.

— Et comment ferais-tu pour faire tourner les aiguilles à l'envers ?

Elle se tut. Il avait raison. Il avait toujours raison. Dehors, personne ne l'attendait. Dehors, personne ne l'aiderait. Il y avait bien… Non, cela ne servait à rien de penser à lui. Depuis toutes ces années, Elle avait compris que d'espoir déçu en espoir déçu, Elle vieillissait encore plus vite. Le Patron semblait la regarder avec tendresse. Elle l'aperçut quand Elle releva les yeux. C'était étrange, cette dualité dans le cœur de ce monstre. C'était comme s'il se forçait à jouer le rôle que le diable lui avait assigné. À moins qu'il ne fût lui-même le diable. Le Patron sentit le regard perplexe posé sur lui.

— Écoute, je ne veux pas ton malheur. Je veux juste que tu me serves. Crois-moi, de ton obéissance dépend le bonheur de beaucoup de gens.

— Ça suffit, cria-t-Elle, je ne vous crois plus ! Ce chantage, vous me l'avez trop fait. Je sais que vous n'êtes que perversité et que vous vous moquez totalement du bonheur du peuple. Ne me dites surtout pas que vous appréciez les Petits Cochons !

— Détrompe-toi. Je ne suis rien sans eux.

— Quelle rigolade.

— Pas tant que ça.

— C'est vrai. J'oubliais les contrastes, le blanc et le noir, le bleu profond et le jaune vif. Le bien n'existe pas sans le mal et le pauvre n'existe pas sans le riche. Maintenant, ça suffit. Votre discours de menteur professionnel, je l'ai entendu trop de fois. Dites-moi ce que vous voulez et qu'on en finisse.

— Rien. Je ne veux rien. Je voulais juste savoir comment tu allais.

Le Patron paraissait sincère. Elle fut troublée. Elle se radoucit et lui demanda sans aucune violence dans la voix :

— Me rendrez-vous un jour la liberté ?

Il respira profondément. Il ne voulait pas lui servir le mensonge habituel. Parfois, il n'arrivait pas à lui mentir. Il ne répondit pas. Ce fut la pire des réponses. Il tourna le dos, franchit la porte et la referma derrière lui en murmurant un pardon presque inaudible. Même après tant d'années d'espoirs réduits à néant, Elle ne put empêcher quelques larmes de couler.

CHAPITRE NEUF

— Comment ça pourquoi ? Pourquoi quoi ? Mon boulot, c'est bien de souffler, non ?

— Mais pourquoi, après tant de siècles, voulez-vous souffler sur le Château de brique ? Pourquoi ne vous contentez-vous pas de souffler sur les maisons de paille et de bois ?

— Je cherche l'absolution, le pardon pour ma servitude passée. Je pensais que vous l'aviez compris. Parce que je crois en la justice comme l'on croit en Dieu, sans jamais la voir mais en espérant qu'elle existe. Parce que je suis faible. Parce que le problème de nombre de mes incarnations, c'est leur petitesse. Parce qu'en soufflant sur le Château de brique, je retrouve un peu de fierté.

Quand le PMJ se tut, le docteur Bleuler ne sut que répondre. Ce client le dépassait. Le PMJ n'était pas né en 1522, ni en 1670, ni même en 1810. Il était aussi vieux que le monde, une prostituée qui se mordait les doigts de n'être qu'une prostituée et qui, aujourd'hui, tentait de retrouver sa virginité. Justice, injustice, mensonge, vérité, compassion, dureté, laxisme ou fermeté : c'était un travail impossible. Celui qui l'exerçait était un fou, nécessairement. Peut-être le PMJ était-il trop esclave de la loi? N'était-il pas une machine froide à appliquer le droit? Un automate de la République? Ne devrait-il pas s'en remettre plus souvent à l'équité?

— Oui, admit le Juge. Il y a longtemps, un sage a dit que la justice était l'art du bien et de l'équitable. Mais je ne suis pas un artiste. Je suis un besogneux.

— Ça ne vous réussit pas d'être un PMJ. Je suis certain que vous étiez plus heureux quand vous souffliez uniquement sur les maisons de paille.

— Même pas. Bien sûr, c'était plus reposant, mais je n'étais pas heureux pour autant. Ma liberté était fonction de la longueur de ma chaîne.

— Avez-vous un jour été heureux?

— Oui, et même très heureux. Ce fut une période brève d'environ trois ans, euphorique et décisive. J'avais perdu de ma superbe, de ma toute-puissance, mais j'avais gagné en indépendance. Perdre du pouvoir pour gagner en liberté, acquérir une grandeur qui dépasse le pouvoir, partager pour être libre et heureux, c'était ma leçon de 1789. Jamais je ne fus si contrôlé, encadré, affaibli mais jamais je ne fus si heureux. Je dois reconnaître qu'Elle y était pour beaucoup.

— Elle ? Celle dont vous ne vouliez pas me parler ? Elle qui doit être obéie ?

— Non, Elle qui doit être aimée, respectée, protégée. Vous l'auriez vue à l'époque. Mon Dieu qu'elle était jolie quand elle traversait les rues de Paris en chantant à pleine voix. Vous l'auriez suivie, comme tous les Petits Cochons. Elle avait des mots magiques qui sortaient de ses lèvres sublimes. Elle voulait l'égalité pour tous. Elle touchait du doigt la quintessence de la justice. Dans ses yeux, j'étais incroyablement beau. Il n'y avait plus de juridictions seigneuriales, de tribunaux ecclésiastiques, de privilèges de juridiction, de droit de grâce pour le Roi. Et puis surtout, la justice n'était plus retenue. Elle n'appartenait plus au Roi. Elle appartenait au peuple. Les lois remplaçaient le bon vouloir. Il n'y avait plus d'arbitraire. J'ai la nostalgie de 1789, la nostalgie des grands principes et de cette égalité devant la loi que nous avons perdue depuis.

— Voilà qui me rappelle cette phrase dont j'ai oublié l'auteur : « Les hommes naissent libres et égaux en droits, mais ça ne dure pas très longtemps. »

— Et vous trouvez ça drôle ? Moi, j'ai découvert dans la *Déclaration des droits de l'homme et du citoyen* ce dont j'avais toujours rêvé, ce dont j'avais besoin pour me respecter moi-même, des principes comme ceux de la légalité des délits et des peines et de la présomption d'innocence[1]. La justice pénale était le cœur de la Révolution. C'est facile d'en rire aujourd'hui. Vous n'étiez pas là à l'époque. C'était magique. C'était bien plus qu'une Révolution, c'était une libération. Il y avait du bonheur dans les rues. Je vous l'accorde, ça n'a pas duré, mais ce fut une belle histoire d'amour, brève et intense.

» Avant 1789, l'erreur judiciaire n'avait pas une grande importance. Ce qui importait, c'était que la sécurité soit assurée. Le peuple devait se sentir en sécurité même si parfois un innocent le payait de sa vie. C'était le prix exorbitant à payer que la société acceptait de payer. Mais l'aspiration sécuritaire est revenue bien vite. Elle revient toujours. Cette fois-ci, l'effet de balancier fut terrible. Il y avait eu trop de libertés d'un coup. Elle avait tourné les têtes. La Terreur s'installa peu à peu, grignota les grands principes les uns après les autres. La seule égalité qui demeura fut celle de la guillotine. Tout le monde pouvait y passer. En 1791, Robespierre s'était prononcé en faveur de l'abolition de la peine de mort. Elle ne fut pas abolie et il en usa tant et plus. Quand il fut lui-même coupé en deux, ce fut un bel exemple d'égalité devant une loi injuste.

1. Le principe de légalité signifie que l'on ne peut condamner un citoyen qu'en vertu d'une loi préalable ayant défini les incriminations et les peines applicables à celles-ci. La présomption d'innocence signifie surtout qu'il ne faut pas nécessairement croire tout ce qu'on peut lire, voir et entendre dans les médias.

— Car vous pensez que les lois sont injustes ?

— Pas aujourd'hui. C'est l'inverse. Sous la Terreur, les lois étaient injustes mais elles étaient appliquées. Aujourd'hui elles sont justes mais elles ne sont plus appliquées.

— Pour quelle raison ?

— Parce que nous vivons une démocratie du double langage : faites ce que je dis, pas ce que je fais. Les lois se veulent exemplaires et égales pour tous. Ceux qui les font les veulent inflexibles pour eux-mêmes, *dura lex sed lex*, pour montrer leur probité future. L'important est dans l'effet d'annonce. Il s'agit de dire aux Petits Cochons : « Je suis contre le financement illicite des partis politiques, les emplois fictifs, la corruption, le favoritisme dans les marchés publics, la fraude électorale, l'évasion fiscale. La preuve, j'ai voté des lois qui répriment tous ces comportements si dangereux pour la démocratie et l'ordre social. »

» Mais la rigueur de la loi n'est qu'un discours électoral. Elle est un alibi, un pauvre gage d'honnêteté. Sauf que les Petits Cochons supportent de moins en moins de se voir imposer des lois par des gens qui ne les respectent pas eux-mêmes. L'exemplarité doit venir du sommet. Si le boulanger ne veut pas manger de son propre pain, comment pourra-t-il le faire avaler aux Petits Cochons ? Et moi, je suis devenu le PMJ parce que je veux seulement faire respecter les lois, y compris par ceux qui les ont faites ! Ne voyez-vous pas l'absurdité de cette situation ? Un ancien Président se verra refuser le remboursement de ses frais de campagne pour un dépassement de 500 000 euros et viendra nous dire que la loi est absurde. Un ancien Premier ministre, dans une affaire d'emplois fictifs, se verra condamner en première instance à une peine complémentaire de dix ans d'inéligibilité en vertu d'une loi ne laissant en théorie aucune faculté de modulation au juge. Un maire d'une grande ville sera frappé de cette même peine d'inéligibilité automatique prévue par la loi et des voix hypocrites martèleront que le juge n'a pas le droit de priver les électeurs du droit de voter pour leur champion. Est-ce le juge qui a voté ces lois ? Non, il est seulement chargé de les appliquer de façon égale pour tous.

— Tous pourris, c'est cela que vous voulez dire ?

— Pas du tout. Il y a des femmes et des hommes de bonne volonté qui se dévouent pour le bien commun, des maires qui vérifient que le panier de basket n'est pas branlant, que la piscine est bien chauffée, des ministres, des députés, des sénateurs qui sont sur le pont quatorze heures par jour. Malheureusement, leur dévouement ne pèse pas lourd face à un ministre du Budget qui part en guerre contre l'évasion fiscale en trop fin connaisseur, face aux affaires de fraudes électorales qui ne sont jamais jugées ou bien quinze ans après les faits, et face à la quête du pouvoir qui rend fou, qui fait franchir toutes les lignes bleu-blanc-rouge. Le pire, c'est que nous avons atteint le seuil critique. Une partie du peuple français ne considère plus l'honnêteté comme une vertu essentielle chez un homme politique. Le cynisme est descendu des hautes sphères pour verser son poison dans les auges des Petits Cochons qui finissent par croire qu'un homme politique doit être nécessairement malhonnête pour être efficace. Aujourd'hui, il y a plus cynique encore que l'homme politique corrompu. Il y a le Petit Cochon qui vote pour l'homme politique corrompu en parfaite connaissance de cause.

— Alors que proposez-vous, la République des juges ?

— Surtout pas, nous serions pires qu'eux, avec nos bassesses, nos soifs de médailles, de tableau d'avancement, de hors hiérarchie[1]. Non, tout sauf la République des juges. Il faudrait seulement que le Château de brique n'abrite plus des malfaisants, des corrompus. Il suffirait que je n'aie plus à souffler. Il faudrait que je disparaisse. Au fond, je ne suis que le mal nécessaire qui aspire à devenir inutile. J'aurais voulu être plombier. Je serais arrivé avec mes clés plates et un siphon

1. Sauf quand c'est vraiment mérité. Je ne voudrais pas que le Conseil supérieur de la Magistrature pense que je ne suis pas intéressé par un poste hors hiérarchie et le salaire qui va avec.

tout neuf. J'aurais réparé la fuite chez la vieille dame qui m'aurait dit que j'étais bien aimable. À y réfléchir, je pense d'ailleurs que je suis le plombier de la République. C'est à peu près tout ce que je peux faire pour la justice, réparer les fuites.

» En 1789, c'était autre chose. Tout était possible. Et puis j'étais amoureux. Elle avait vingt ans, des boucles d'or qui tombaient sur ses épaules comme des vagues légères, des yeux très clairs avec de longs cils qui regardaient vers le ciel. Son petit nez retroussé regardait droit devant lui. Sa lèvre supérieure remontait très légèrement, lui donnant un air étonné, tout en dévoilant une rangée parfaite de dents blanches qui semblaient vouloir mordre la vie. Elle était constamment accompagnée de Cécile Renault, un diamant brut d'à peine seize ans en 1789, et qui sentait bon le coquelicot. Cécile aurait pu être sa petite sœur, avec les mêmes cheveux blonds ondulés et le même regard rêveur. Tous les jours, Elle venait la voir à son domicile, rue de la Lanterne, un nom prédestiné. Si vous les aviez vues toutes les deux, deux rayons de soleil qui parcouraient les rues de Paris, encourageaient les sans-culottes et chantaient à tue-tête.

» Cécile était en admiration devant Elle, son amie et son modèle. Du reste, tout le monde était en admiration devant Elle, moi le premier. Le grand mystère fut son attirance pour moi. J'avais du mal à y croire. Aujourd'hui je comprends à quel point j'étais important à ses yeux. Si moi-même j'étais parvenu à être libre, à faire oublier le juge inquisiteur du Roi pour devenir le juge enquêteur du peuple, la Révolution était sans doute sur la bonne voie…

— Mais ?

— Mais ça n'a pas duré. Je n'ai pas su résister. Je n'en ai pas eu le courage. J'ai abandonné la place et j'ai laissé une poignée d'assassins fanatiques lui voler sa Révolution. Notre histoire d'amour était déjà terminée et Elle était entrée en clandestinité quand Cécile Renault fut arrêtée.

— Qu'avait-elle fait ?

— Rien ou presque rien, comme tous ceux qui étaient arrêtés sur ordre du Comité de sûreté générale et déférés devant le Tribunal révolutionnaire. Nous étions le 22 mai 1794 et, en fin de journée, Cécile, du haut de ses dix-neuf printemps, s'était mis en tête d'aller dire à Robespierre ses quatre vérités. Elle ne le rencontra même pas mais, selon l'accusation, elle aurait avoué s'être rendue à son domicile pour voir comment un tyran était fait. L'accusation en avait déduit qu'elle avait cherché à l'assassiner. Il n'y eut pas d'instruction et pas de jury d'accusation. Il n'y en avait plus pour les délits politiques. À la place, le Comité de sûreté générale nous joua le couplet de la prétendue conspiration contre les pères du peuple. Plus d'une cinquantaine de personnes furent arrêtées dont le père, la tante et l'un des frères de Cécile. Le 17 juin 1794, ils furent condamnés à mort et revêtus de chemises rouges, tenue réservée aux assassins. Debout dans la charrette qui la menait à la mort, Cécile était plus belle que jamais. Sa grossière chemise rouge la rendait encore plus éclatante. De l'autre côté de la rue, j'ai aperçu sa sœur de cœur. Elle était recherchée par tous les sbires de la Terreur mais Elle avait voulu voir une dernière fois Cécile et lui faire un petit signe d'encouragement, un geste de la main timide et bref. Cécile lui avait en retour envoyé un baiser du bout des doigts, comme si elle lâchait une hirondelle, et Elle s'était mise à pleurer. Je ne l'avais jamais vue pleurer. Elle savait que tout ce simulacre, ce procès pitoyable n'avait eu d'autre but que de l'atteindre. Pendant quelque temps, secrètement, je suis allé voir Cécile au cimetière de Picpus. Cécile n'avait eu droit qu'à une fosse commune qu'elle partageait avec ses complices d'infortune. Je n'y allais pas vraiment pour Cécile. J'espérais la revoir, Elle, et que renaisse tout ce qu'elle incarnait.

— Et qu'est-Elle devenue ?

— Selon les rares hôtes ou invités du Château qui sont tombés entre mes griffes, Elle est prisonnière du Château de brique et n'est plus que l'ombre d'elle-même. Elle ne brandit plus le drapeau tricolore en courant à perdre haleine.

CHAPITRE DIX

— Docteur, j'ai fait un rêve sinistre.

— Très bien. Les rêves sinistres sont riches d'enseignements.

— J'étais au milieu d'une foule de sans-culottes. Je sentais la poudre de canon. J'entendais la carmagnole. Tout à coup le ciel est devenu noir. Devant moi, un faible rayon de lune éclairait une pierre tombale de granit rose. Je me suis approché et j'ai lu : « Ci-gît le PMJ. » Je me suis réveillé brutalement.

— Avez-vous si peur de disparaître ?

— J'aimerais qu'il reste une trace de moi quand le Château aura ma peau, quand le monde entier appliquera la Common Law, ne parlera plus qu'anglais, aura totalement déréglementé les marchés financiers et le monde du travail, quand le camembert au lait cru sera interdit, quand il y aura une médecine pour tous mais pas la même, une justice pour tous mais différente pour chacun, quand l'argent sera devenu Roi et que le Roi lui-même ne s'en rendra plus compte, quand il croira, trônant dans son Château de brique, qu'il détient encore un pouvoir passé depuis longtemps en d'autres mains.

— Écrivez vos mémoires.

— Et pourquoi pas ? J'écrirais un livre retraçant mes diverses mutations depuis le lieutenant criminel jusqu'à aujourd'hui. Ce livre, je l'imagine comme une grande fresque historico-judiciaire. Une trentaine d'étudiantes en droit… bon, disons une petite quinzaine… parcourra le monde pour retrouver des grimoires, archives et manuscrits sur mes diverses incarnations, du Chili à la Bulgarie, de la Suisse aux Carpates.

— Bonne idée. En attendant cette fresque imposante, nous avions abordé la dernière fois un moment essentiel de votre vie. La Révolution a constitué une fracture importante dans votre psychisme. Vous êtes passé trop vite du jour à la lumière puis de nouveau à l'obscurité. Vous avez découvert en même temps l'amour et la justice et vous les avez perdus tous les deux aussi rapidement qu'une lame de guillotine qui s'abat.

— Toujours cette guillotine ! Le symbole de la Révolution française est devenu la guillotine. C'est un raccourci regrettable. En 1789, les représentants du peuple ne voulaient tuer personne mais instaurer le paradis sur terre. Ils avaient des principes : « liberté, égalité, fraternité » et, chose remarquable, la volonté de les appliquer. Ce qui est encore plus inhabituel en politique, c'est qu'ils appliquèrent effectivement leur programme. Ils le firent en matière de justice, qui constituait l'un des principaux thèmes des cahiers de doléances de 1789. La toute-puissance des juges, reflet de la toute-puissance du Roi, était vivement dénoncée. Était en particulier fustigée leur grande latitude dans le choix des peines. Les ordonnances royales ne donnaient sur ce point que des directives très souples et les justiciables étaient soumis à l'arbitraire de leurs juges. C'était encore plus évident devant les juridictions suprêmes que constituaient les Parlements et qui s'étaient arrogé le droit, contrairement aux juridictions inférieures, de juger en équité quand cela leur chantait. Le jugement en équité pouvait certes pallier les rigueurs de la loi mais il avait donné lieu à tant d'abus que l'adage « Dieu nous garde de l'équité des Parlements » a traversé les âges. Dans les cahiers de doléances, l'on trouvait en réaction à l'équité des Parlements et à l'imprécision des ordonnances royales l'exigence de légalité des délits et des peines. Ce principe symbolisait la primauté de la loi sur l'arbitraire royal mais également la substitution de la souveraineté populaire à celle du Roi.

— Pour vous, qu'est-ce qui a changé concrètement ?

— L'instruction était tout autant dans le collimateur des constituants de 1789 que la procédure de jugement sur le fond. Ma toute-puissance de lieutenant criminel n'était plus au goût du jour. L'Assemblée constituante me signifia très vite que toute justice, y compris la mienne, découlait du peuple et devait être contrôlée par celui-ci. Dès novembre 1789, chaque municipalité dut établir une liste de notables parmi lesquels étaient pris les adjoints chargés d'assister à l'instruction des affaires pénales. L'article 5 du décret disposait ainsi : « Les procès-verbaux de l'état des personnes blessées ou des corps morts, ainsi que du lieu où le délit aura été commis, et des armes, hardes et effets qui peuvent servir à conviction ou à décharge, seront dressés en présence de deux adjoints appelés par le juge. » Selon l'article 6, mes deux adjoints devaient également assister à mes auditions de témoins. Bref j'étais fliqué par le peuple.

— Et ça vous a perturbé, rendu méfiant, irritable ?

— Évidemment. J'avais toujours bossé en solo. À une époque où les automobiles et le téléphone restaient à inventer, je me rendais sur les lieux du crime sans désemparer, comme à la belle époque, mais devais attendre que les deux adjoints se présentent pour commencer à travailler. En cas d'urgence, je pouvais toutefois les remplacer par deux « principaux habitants » de la commune concernée. Dès qu'un suspect était appréhendé, la procédure était encore plus novatrice. Un accusé « décrété de prise de corps pour quelque crime que ce soit » pouvait se choisir un ou plusieurs conseils avec lesquels il pouvait « conférer librement en tout état de cause ». Si l'accusé ne pouvait avoir un avocat « par lui-même », je devais lui en nommer un d'office.

— Je ne vois rien là de bien extraordinaire. Après tout, ça ressemble à notre système actuel.

— C'est exact. Sur cet aspect nous sommes revenus à la situation de 1789. Sauf que la suite de l'information judiciaire n'avait pas grand-chose en commun avec mes pratiques de lieutenant criminel, ni d'ailleurs avec la procédure d'aujourd'hui. Tous les actes d'instruction devaient être faits contradictoirement avec l'accusé et publiquement, « les portes de la chambre d'instruction étant ouvertes ». Aucune exception n'était prévue, même quand les coauteurs ou les complices de la personne arrêtée étaient en fuite.

— Ce n'était sans doute pas très pratique Cela dit, un système pareil pourrait se révéler amusant de nos jours. Je vous imagine mettant en examen l'ancien Président qui veut le redevenir devant une salle bondée, par exemple à Bordeaux. Quel duel spectaculaire !

— Dont personne ne sortirait vainqueur. Mis à part cette publicité incongrue, le système transitoire maintenait tout de même le principe d'un juge enquêteur. Celui-ci conservait à peu près les pouvoirs du lieutenant criminel, même s'il était contrôlé étroitement par le peuple. Le nouveau système procédural mis en place par le décret des 16 et 29 septembre 1791 constitua en revanche une attaque beaucoup plus frontale contre ma toute-puissance inquisitoriale. Je fus coupé en deux. Au sens métaphorique, fort heureusement, mais ça me fit mal tout de même. La réception des plaintes et les premiers actes d'instruction étaient effectués par un juge cantonal, le Juge de paix. C'en était fini de mes longues chevauchées, cheveux au vent, jusqu'aux confins de mon ressort. Le Juge de paix, juge de proximité, recueillait les plaintes, les indices, les témoignages essentiels et même, quand un suspect était arrêté, les déclarations de celui-ci. Il pouvait décider ensuite la remise en liberté du suspect ou, au contraire, son déferrement devant moi, affublé du titre peu avenant de Directeur du jury. J'étais l'un des juges élus du Tribunal de district. Le Juge de paix était aussi un élu de la Nation mais il avait le plus souvent des compétences juridiques limitées. De ce fait, l'instruction sommaire réalisée par le Juge de paix était rarement à mon goût. Le décret de septembre 1791 donnait peu d'indications sur ce que je pouvais faire ou refaire. Il était indiqué que je procédais à l'interrogatoire du « prévenu » et entendais les témoins qui ne l'avaient pas été par le Juge de paix. Dans la pratique, je procédais souvent à une nouvelle audition des témoins principaux[1].

— À part votre fractionnement en deux, je ne vois pas la différence avec l'ancien système. Je ne comprends même pas pour quelle raison vous vous appeliez « Directeur du jury ».

— Parce que j'étais le Directeur du jury d'accusation. Mon rôle était essentiel en matière de mise en accusation mais je ne pouvais pas décider seul. Il me fallait convaincre un jury. En 1791, le Ministère public n'avait aucun rôle dans les poursuites pénales. L'accusateur public n'intervenait que lorsque le jury d'accusation avait décidé de renvoyer un prévenu devant le tribunal criminel. C'était à moi que revenait la tâche délicate, après avoir parfait l'instruction, de décider s'il existait des éléments suffisants pour établir un acte d'accusation et, dans ce cas, de le rédiger. Le décret de septembre 1791, dans la droite ligne des principes révolutionnaires, permettait au plaignant de participer à la rédaction de cet acte d'accusation. Le plaignant pouvait même dresser seul son acte d'accusation si j'estimais qu'il n'existait pas de charges

1. Par ailleurs, pour certaines infractions complexes comme les banqueroutes, détournements de fonds, vols commis dans des établissements commerciaux ou financiers ainsi que dans les nombreuses affaires de faux et usage de faux, le Directeur du jury menait toute l'instruction du début à la fin, sans intervention du Juge de paix.

suffisantes[1]. Quand un acte d'accusation avait été dressé, le dernier mot appartenait au jury. Le jury d'accusation était composé de huit citoyens tirés au sort sur une liste de trente contribuables payant un impôt suffisamment élevé pour pouvoir être électeur départemental. Les jurés faisaient donc partie de la classe « moyenne-supérieure » et étaient d'un niveau intellectuel suffisant pour apprécier les éléments de preuve. Ils statuaient à la majorité selon leur intime conviction. L'abandon du système de preuves légales concernait en effet tant le jury d'accusation que le jury de jugement.

» Devant le jury d'accusation, j'étais chargé d'exposer les faits et le déroulement de l'instruction. Je lui remettais les pièces de la procédure après en avoir lu certaines à haute voix. Les témoins étaient entendus par le jury, ainsi que le prévenu, le plaignant ou le dénonciateur.

» L'introduction d'un jury dans la phase d'instruction était une innovation majeure, mais le décret de

1. Ce pouvoir très important accordé aux plaignants était une spécificité du système français qui perdure encore aujourd'hui. En cas de classement sans suite par le procureur de la République, la victime d'une infraction peut porter plainte avec constitution de partie civile devant le juge d'instruction et mettre ainsi en mouvement l'action publique. Je diligente alors mon enquête dans les mêmes conditions que si j'avais été saisi par le procureur. Et si je prononce un non-lieu à l'issue de mon information judiciaire, la partie civile pourra en faire appel devant la chambre de l'instruction. Ce système est absolument inconnu dans les pays anglo-saxons où la faculté de poursuivre n'appartient qu'au procureur. La victime se console en diligentant une procédure civile pour obtenir des dommages et intérêts.

septembre 1791 se voulait beaucoup plus réaliste que le système transitoire de 1789. Les audiences devant le jury d'accusation étaient secrètes. Le public n'y était pas admis et l'accusé non plus, à part pour sa propre audition. L'accusé, à ce stade de la procédure, n'avait aucun droit. Il n'avait même pas accès à un conseil. Les constituants étaient revenus à la conception de l'instruction issue de l'Ancien Régime. La phase d'instruction était destinée au recueil des preuves et ne devait pas être contradictoire pour éviter tout risque de déperdition de celles-ci. L'accusé n'avait des droits que lorsqu'il était renvoyé devant les juges du fond[1].

» Même si tous ces changements en profondeur avaient modifié considérablement ma manière de travailler tout en diminuant sensiblement mes pouvoirs, j'étais dans l'ensemble assez heureux de participer à une grande aventure fondée sur des principes humanistes.

» Malheureusement, l'état de grâce ne dura pas longtemps et la Terreur faillit avoir ma peau. Ce fut

1. L'institution du jury d'accusation existait déjà en Angleterre et l'Assemblée constituante s'est certainement inspirée du modèle anglais. Cependant, le jury d'accusation de 1791 ressemblait beaucoup au grand jury américain. Les dix premiers amendements de la constitution américaine étaient contemporains du travail des constituants français. Proposés par le premier congrès américain le 25 septembre 1789, ils furent ratifiés le 15 décembre 1791. Or le cinquième amendement disposait notamment : « Nul ne sera tenu de répondre d'un crime capital ou infamant sans un acte de mise en accusation, spontané ou provoqué, d'un grand jury... »

une époque où, en matière de délits politiques, l'enquête n'eut plus sa place. Les suspects étaient présumés coupables et devaient prouver leur innocence. Ce renversement de la charge de la preuve symbolisa la terreur et l'abandon des principes de 1789. Tous furent bafoués les uns après les autres, à commencer par la présomption d'innocence, remplacée par une présomption de culpabilité.

» La loi des suspects du 17 septembre 1793 constitua la première hérésie révolutionnaire. Les suspects n'étaient coupables de rien mais étaient suspects de tout. On y trouvait « ceux qui, soit par leur conduite, soit par leurs relations, soit par leurs propos ou leurs écrits » s'étaient montrés « ennemis de la liberté » et même ceux qui n'avaient pas « constamment manifesté leur attachement à la Révolution ». Ces suspects pouvaient être maintenus en détention sans autre forme de procès. Pis encore, ceux qui avaient été jugés et acquittés ou qui avaient bénéficié d'un non-lieu pouvaient être maintenus en détention en qualité de suspects. La Terreur cumulait ainsi une chance au grattage et une chance au tirage.

» Alors que les libéraux pensaient avoir touché le fond, les acharnés creusaient encore. Ils votèrent une loi sur la mise « hors la loi ». Au regard des grands principes des philosophes des Lumières, des Montesquieu, Voltaire et Beccaria, cette loi volait au ras des pâquerettes : les citoyens étaient présumés coupables un peu, beaucoup, passionnément, à la folie. Il suffisait de deux « témoins d'immoralité » pour que le mis en cause soit mis hors la loi.

— On les appelait vraiment comme cela ?

— Mais non, c'est moi qui les appelle ainsi. Ils accusaient un citoyen d'être un ennemi de la Révolution et celui-ci était ipso facto privé de la protection de la loi : il était mis hors la loi. Son comportement contre-révolutionnaire supposé le privait de tous ses droits, à commencer par celui de bénéficier d'une instruction puis celui d'être accusé et jugé par un jury. Il n'avait plus le droit au peuple puisqu'il l'avait soi-disant trahi.

— Vous avez dû vous retrouver au chômage technique ?

— Pas tout à fait. Étant donné la masse de travail à abattre, la Convention préféra que les tribunaux criminels de droit commun jugent eux-mêmes les prisonniers politiques sans avoir besoin de les conduire devant le Tribunal révolutionnaire de Paris. Les tribunaux criminels purent donc juger les infractions politiques mais à condition de les juger « révolutionnairement ». La procédure révolutionnaire signifiait l'absence de jurés. Je devenais alors un directeur de « jury fantôme » qui accusait tout seul et renvoyait le prévenu devant ses collègues du tribunal criminel statuant également sans jurés. Avant mars 1793, les jurys d'accusation et de jugement avaient multiplié les provocations contre-révolutionnaires, ordonnant des non-lieux ou prononçant des acquittements pour des émigrés qui, manifestement, remplissaient les conditions légales pour être raccourcis au plus vite. Ils agirent de même pour les prêtres réfractaires, les personnes accusées de propos inciviques, d'écrits séditieux, de délits sur « les arbres de la liberté », de rébellion et même les prétendus accapareurs ou « agioteurs ». Ils furent supprimés pour leur excès d'indépendance.

— Je suppose que la Magistrature a laissé faire, comme pour les lois antijuives sous Pétain.

— Détrompez-vous, les résistances à l'abandon des principes révolutionnaires furent nombreuses au sein de la Magistrature mais la Convention ne s'en laissa pas conter. Dès mars 1793, elle dépêcha dans les départements des représentants en mission dotés des pleins pouvoirs. Leurs arrêtés avaient force de loi. Ils pouvaient déclencher les poursuites, décider des arrestations et ils purent bientôt mettre hors la loi à peu près n'importe qui. Les représentants pouvaient également destituer les juges et les remplacer par leurs sbires. Des purges quasi intégrales touchèrent plusieurs tribunaux jugés trop tièdes. Sur les propositions des représentants en mission, la Convention annula même des jugements définitifs. Plus de deux cents annulations furent ainsi prononcées pour le seul mois de mars 1793. Certes, tous ces pouvoirs exorbitants ne pouvaient en théorie être exercés que pour les affaires de nature politique, mais tout devint politique. Toute personne qui, par son comportement, était susceptible de nuire à la Révolution était un ennemi du peuple. Un commerçant qui tentait de faire un profit un peu excessif devenait un accapareur. Un boulanger qui utilisait de la farine légèrement passée était accusé d'empoisonnement et de complot avec l'ennemi. Les moindres paroles critiques prononcées dans une taverne, après un repas trop arrosé, devenaient des « propos inciviques ». Et bien sûr, il y eut les prêtres réfractaires qui n'avaient pas prêté allégeance et tous les émigrés soupçonnés de menées contre-révolutionnaires.

— Les immigrés ! Toujours les boucs émissaires.

— Pas les immigrés, les émigrés. Les lois sur les émigrés constituèrent le symbole le plus déprimant d'une dilution des principes révolutionnaires dans la paranoïa ambiante. Furent considérés comme émigrés ceux qui avaient quitté la France depuis le 1er juillet 1789 et qui n'étaient pas rentrés avant le 9 mai 1792. À cette loi des 30 mars et 8 avril 1792 succéda celle du 28 mars 1793 encore plus implacable. Étaient considérés comme émigrés ceux qui ne pouvaient pas justifier d'une résidence ininterrompue en France depuis le 9 mai 1792. Ils étaient bannis à perpétuité du territoire français, déclarés « morts civilement », et leurs biens étaient confisqués[1].

1. Pour ceux qui commettaient l'imprudence de revenir, c'était la peine de mort. Le tribunal révolutionnaire ou le tribunal criminel statuant révolutionnairement se bornait à constater la présence du nom de l'accusé sur

— On pourrait imaginer le même système pour les émigrés fiscaux.

— Vous savez que vous avez parfois des idées pertinentes, docteur ? L'inventivité de la Convention ne s'arrêta pas là. Il restait une dernière étape à franchir pour instaurer la dictature. Elle fut franchie par le décret du 14 frimaire an II (4 décembre 1793), qui mit officiellement fin à la séparation des pouvoirs. Elle n'existait déjà plus que sur le papier jauni de 1789. La Convention, qui cumulait les pouvoirs exécutif et législatif, décida que les tribunaux devaient être « des leviers révolutionnaires » et qu'ils lui seraient dorénavant « subordonnés ». Ils furent placés « sous l'inspection immédiate » des Comités de salut public et de sûreté générale.

» Les magistrats qui faisaient preuve de manque d'ardeur révolutionnaire étaient menacés de sanctions lourdes et, a minima, de destitution par décret de la Convention. La République n'avait plus besoin de moi. Tout le monde était coupable à moins de pouvoir prouver son innocence à coups de certificat de civisme ou d'attestation de non-émigration[1].

---

la liste des bannis et le condamnait à mort. Il était exécuté immédiatement sans possibilité d'appel. Ceux qui étaient rentrés en France avant le 9 mai 1792 pour se conformer à la loi de mars-avril 1792 se retrouvèrent inscrits sur la liste des suspects en vertu de la loi du 17 septembre 1793.

1. Il était bien difficile d'obtenir ces précieux documents des mains de ceux qui s'employaient avec zèle à faire appliquer les lois d'exception.

CHAPITRE ONZE

Mme Martin était une vieille femme. Elle vivait parce qu'il le fallait bien.

À la mort de son mari, deux années auparavant, elle avait quitté Libourne pour s'installer à Talensac avec ses deux fils, deux solides garçons de vingt et vingt-trois ans. Avec l'argent de la vente du négoce de vin de leur père, ils avaient acheté une auberge sur la route de Bordeaux. Tenir une auberge était le rêve de leur mère. Pendant deux ans, aux côtés de ses deux fils, Mme Martin avait été heureuse. L'affaire marchait bien, malgré les temps difficiles. Elle voyait beaucoup de monde. Elle était respectée. Ses deux garçons la soutenaient, prenaient leur part du travail et lui donnaient tout leur amour. Bien sûr, Mme Martin pensait de temps en temps à son mari mais la nostalgie avait peu à peu remplacé la douleur.

Avec un peu de honte, Mme Martin devait même admettre qu'elle était plus heureuse aujourd'hui.

Ses deux fils partirent à la guerre. Pour sauver la Révolution, dirent-ils. Sauf que pour Mme Martin, la Révolution était déjà morte. L'allégresse de 1789 avait disparu. Elle sentait la peur se répandre partout. Toutes les semaines, sur le grand panneau de bois de la municipalité, de nouvelles lois obscures étaient affichées. L'on n'y parlait que de mort, de bannissement, d'interdiction, de République en danger, de menées contre-révolutionnaires.

Il fallait faire attention à tout, à ce que l'on disait, ce que l'on faisait. Mme Martin se rendait régulièrement à la mairie déclarer son stock afin de ne pas être accusée d'accaparement. Elle prenait connaissance des prix républicains, censés représenter les prix du marché. Vendre une pinte trop cher, c'était prendre le risque d'être dénoncé comme profiteur, ennemi de la Révolution. Un jour, elle faillit se faire piéger par un contrôleur. L'homme, après avoir séjourné trois jours dans l'auberge, lui proposa de payer moins cher mais avec une pièce d'argent. Mme Martin se méfia et partit dans un grand discours enflammé sur la nécessité de soutenir l'assignat et la République. Mais Mme Martin était épuisée. Affronter ce monde hostile sans ses fils à ses côtés était trop éprouvant physiquement et nerveusement. Le soir, vers minuit, après avoir servi le souper aux derniers clients, elle montait dans sa chambre et s'écroulait sur son lit défait. Elle faisait dix lits dans la journée mais ne trouvait jamais le temps de faire le sien.

Depuis peu, Mme Martin avait embauché Marion. C'était une tête de linotte de seize ans qui ne pensait qu'à s'amuser. Il lui fallait trois fois plus de temps qu'à elle pour préparer une chambre. Quant à faire la soupe, ce n'était même pas la peine d'y penser. À croire qu'elle avait deux mains gauches. En plus elle était belle comme un cœur et repousser continuellement les avances des citoyens lui prenait beaucoup de temps. Son rendement s'en faisait sentir. Et quand Marion se laissait faire par un beau parleur, ça lui prenait encore plus de temps. Mme Martin devait cependant admettre qu'elle attirait la clientèle.

Elle aurait pu se séparer de Marion et prendre une fille plus robuste et moins butineuse. Ce n'est pas ce qui manquait, les filles courageuses. Mais Mme Martin avait du cœur. Elle connaissait la famille de la petite depuis toujours. Les parents de Marion étaient ses voisins à Libourne. Mme Martin avait vu grandir toute la famille. Elle se souvenait des petites boucles d'or de Marion, quand elle avait trois ans. Ses cheveux étaient si fins que l'on voyait le ciel à travers. Et quand elle souriait, on entendait les anges chanter. Le père de Marion mourut bêtement, renversé par une carriole. Puis la mère de Marion tomba malade.

Comme les breuvages de l'apothicaire coûtaient cher, elle demanda à Mme Martin d'embaucher sa fille.

Marion, à défaut d'être efficace, était attentionnée. Elle utilisait tout son salaire pour acheter les médecines prescrites par le docteur. Mme Martin aimait les enfants attentionnés envers leurs parents. Au lieu de sauver la Révolution, ses deux fils auraient dû être à ses côtés. Mme Martin regarda Marion qui essuyait la grande table en bois et se dit que ses fils n'auraient pas regretté d'être là. Pour sûr qu'ils manquaient quelque chose. Une bouffée de tendresse l'envahit. Elle avait beau pester contre Marion, au moins la petite lui tenait compagnie et mettait du soleil dans la maison.

— C'est bon, Marion, tu peux aller te coucher. Je pense que nous n'aurons plus de clients ce soir. Il est presque minuit et la nuit est très froide, même pour un mois de janvier.

— Merci, madame, mais vous êtes certaine que vous n'avez plus besoin de moi ?

— Marion, je t'ai déjà dit que tu ne devais pas me vouvoyer. C'est contre-révolutionnaire. Entre citoyens, on se tutoie. Tu vas nous faire avoir des ennuis.

— Je sais bien, madame Martin, mais je n'y arrive pas.

— Allez, bonne nuit, et surtout mets une bouillotte.

Marion rejoignit sa chambre en bâillant, sous le regard attendri de l'aubergisté. C'est qu'elle nous ferait de beaux petits-enfants, pensa-t-elle, en s'apprêtant à fermer les volets. Mais, alors qu'elle ouvrait la porte pour rabattre le dernier, elle aperçut un homme qui l'observait.

— Bonsoir, citoyen. Si tu veux entrer, c'est maintenant, parce que je vais fermer.

— Bonsoir, citoyenne. Oui bien sûr, avec ce froid, je ne peux pas continuer ma route.

Le visage de l'homme était emmitouflé dans une grande écharpe noire et le col de son manteau remontait jusqu'à hauteur de ses pommettes.

— Je t'en prie, citoyen. Installe-toi confortablement. Il me reste de la soupe de pommes de terre et des lardons. Ça va te réchauffer. Veux-tu un verre de vin ?

— Bien volontiers, citoyenne.

Mme Martin mit un couvert et apporta de la soupe et du pain. Puis elle partit chercher du vin. Pendant tout ce temps, le voyageur n'avait pas bougé. Il était resté emmitouflé dans son manteau et son écharpe. Ce comportement commençait à l'inquiéter.

— Citoyen, je pense que tu devrais te mettre à l'aise. Il y a encore des braises dans la cheminée et il fait plutôt chaud ici.

Lentement, le voyageur se dévêtit. Il le fit à regret et quand il eut fini, au moment où Mme Martin revenait avec les lardons, il prit les devants.

— Madame Martin, n'ayez pas peur. C'est moi, Jean, le frère de Marion.

— Bonté divine, Jean ! Mais qu'est-ce que tu fais ici ? Tu es fou !

Mme Martin s'assit face à Jean et se servit un verre de vin rouge qu'elle but d'une traite. Jean était revenu. C'était une catastrophe.

— Mais tu te rends compte du risque que tu nous fais courir, à Marion et à moi ?

— Personne ne m'a vu entrer. J'ai attendu deux heures dans le froid pour qu'il n'y ait plus de clients dans la salle de repas. Je suis transi et fatigué. Je ne pouvais plus avancer et je mourais d'envie de revoir ma sœur.

— Mais pourquoi es-tu revenu, bougre d'abruti ?

— Madame Martin, vous savez bien que ma mère est très malade. Elle n'en a plus pour longtemps. Elle a réussi à me faire passer une lettre que j'ai reçue à Plymouth il y a une semaine. Elle disait qu'elle voulait me revoir avant de mourir.

— Ce n'est pas une raison. Ton nom est sur la liste des bannis affichée à la mairie. Tu sais ce que ça veut dire ?

Jean ne répondit rien. Mme Martin se servit un second verre et sembla s'adoucir. Après tout, le petit était simplement venu voir sa mère. Qu'y avait-il de contre-révolutionnaire là-dedans ? En quoi constituait-il un danger pour la République ? Tout ça, c'était de la politique et du blabla. Quoi de plus normal qu'un fils rendant visite à sa mère malade avant qu'elle ne meure? Mme Martin pensa à ses fils. Seraient-ils capables de déserter s'ils apprenaient que leur mère était mourante? Pas sûr.

— Bon, tu as raison. Ne nous énervons pas. Après tout, il n'y a aucune raison que quelqu'un découvre ta présence ici. En plus, je n'ai que des voyageurs dans l'auberge, personne qui te connaisse. Dès que tu auras fini de manger, je te conduirai dans la chambre de Marion. Tu dormiras avec elle. De toute façon, je n'ai aucune chambre de libre. Comme ça, ça vous permettra de causer tous les deux.

Marion poussa des cris de joie en découvrant le visage bien-aimé de son frère au-dessus du sien. Elle le couvrit de baisers. Ils avaient toujours été si proches, particulièrement après la mort de leur père. Marion n'avait jamais compris pour quelle raison Jean était parti en les abandonnant, elle et sa mère. Qu'en avait-il à faire de ce seigneur dont il était le valet? Que lui devait-il? Marion devait bien admettre que pour un noble, le chevalier de Libourne était plutôt correct. Il avait toujours payé Jean en temps et heure et faisait parfois des cadeaux à la famille. Mais d'ici à le suivre en Angleterre!

Marion n'avait que treize ans quand Jean était parti. Il n'en revenait pas de la voir si belle, si femme. Elle était à croquer. Le frère et la sœur discutèrent toute la nuit. Jean raconta son exil. Marion raconta les moments difficiles, la maladie de leur mère. Elle proposa à son frère de l'accompagner pour lui rendre visite. Il faudrait partir au petit matin. Le problème, c'est que Mme Martin se retrouverait toute seule alors que l'auberge était pleine. Marion parlait, parlait sans cesse, un vrai moulin. Jean, sous le charme, l'écoutait. Et puis ils s'endormirent tous les deux, l'un contre l'autre, comme ils le faisaient souvent quand ils étaient enfants.

Un officier de sûreté et plusieurs gendarmes les réveillèrent sans ménagement vers 5 heures. Ils cherchaient Jean depuis déjà trois jours. Celui-ci avait été reconnu à Bordeaux par un ancien vigneron de Libourne. Les gendarmes avaient d'abord surveillé le domicile de la mère puis, comme Jean ne se montrait pas, ils avaient pensé à la sœur.

L'officier connaissait bien Mme Martin. Il lui laissa une heure pour fermer l'auberge. C'était le maximum qu'il pouvait faire. Mme Martin dut réveiller tous ses clients. Elle était en pleurs. Un client habituel lui lança une pique qui la blessa profondément.

— Comment as-tu pu faire cela, citoyenne ? Tu accueilles un émigré, un ennemi de la Révolution sous ton toit, alors que tes deux fils se battent pour elle aux frontières de la République !

Le Juge de paix de Talensac ne fut pas plus aimable. Il la regarda à peine, lui posa quelques questions du bout des lèvres et décerna mandat d'arrêt. Il fit de même avec Jean et Marion Fleury. L'affaire était à vrai dire très simple. Jean Fleury était inscrit sur la liste des émigrés bannis. Mme Martin le savait et l'avait hébergé pour la nuit. Quant à Marion, elle avait accepté de partager sa chambre avec lui.

Dans l'après-midi, les trois prévenus furent transférés et incarcérés à Bordeaux. Les procès-verbaux du Juge de paix furent apportés dans un sac au Directeur du jury. L'affaire était dans le sac, selon l'expression consacrée. Le Directeur du jury lut les auditions. Comme à son habitude, le Juge de paix avait fait le minimum. Il n'aimait pas les affaires criminelles et encore moins les affaires d'émigrés. Personne n'aimait les affaires d'émigrés. Les dossiers de prêtres réfractaires, c'était encore pire. Mais il faut reconnaître que ce ne n'était pas bien compliqué.

Le Directeur du jury décida d'entendre Jean Fleury en premier. C'était dans l'ordre logique. Quand il le fit présenter devant lui, il fut surpris par la beauté du jeune homme. Jean Fleury était âgé de vingt ans. Il avait un visage qui respirait la bonté. C'était assez surprenant. Il avait une sorte de lumière intérieure qui filtrait de ses yeux et irradiait son visage. Et puis il avait une voix très douce.

— Tu es donc le citoyen Jean Fleury. Tu as été au service du chevalier de Libourne depuis l'âge de treize ans. À dix-sept ans, en décembre 1789, tu as suivi ton maître dans son exil en Angleterre. Le reconnais-tu ?

— Oui, citoyen juge.

— Pour quelle raison l'as-tu suivi ?

— J'étais très attaché à lui. Je l'avais servi pendant quatre ans. Il avait toujours été bon avec moi. Il payait très bien. En plus, j'avais dix-sept ans et l'idée de voyager me plaisait.

— Soit, mais pour quelle raison n'es-tu pas revenu après le vote de la loi du 31 octobre 1791 qui t'en faisait l'obligation ?

— J'avais peur. En Angleterre on entendait dire tellement de choses terribles. Les émigrés qui venaient d'arriver racontaient des horreurs. Ils disaient que les sans-culottes mangeaient les enfants.

— Évidemment, si tu écoutes les ennemis de la Révolution ! Es-tu resté toutes ces années en Angleterre ?

— Oui, j'ai continué à servir le chevalier de Libourne. Mais il y a une semaine, un commerçant m'a remis une lettre de ma mère. Elle m'écrivait pour me dire qu'elle était gravement malade. Alors j'ai décidé de revenir. Je voulais juste la revoir une dernière fois. Arrivé à Bordeaux, j'ai eu l'idée de passer voir ma sœur à Talensac avant de poursuivre ma route vers Libourne. Ma mère m'avait indiqué dans sa lettre que ma sœur travaillait dans l'auberge de Mme Martin. C'était sur ma route et je voulais tellement la revoir. S'il vous plaît, citoyen juge, elle n'y est pour rien. Elle dormait quand je suis arrivé. Quant à

Mme Martin, elle ne pouvait tout de même pas me laisser dans le froid. C'est quelqu'un qui a du cœur.

Le Directeur du jury avait passé un moment agréable. Jean Fleury était éduqué, s'exprimait bien et ne mentait pas. Mais il était dans de sales draps. La situation de Mme Martin n'était guère meilleure. Quant à Marion, il fallait voir. Dans l'immédiat, le Directeur du jury désigna un médecin pour examiner la mère de Jean et de Marion. Elle avait incité son fils à briser le ban mais, d'un autre côté, si son état de santé était désespéré, ça ne valait pas la peine de la faire arrêter.

Quand le médecin se présenta à Libourne au domicile de Mme Fleury, celle-ci était déjà morte depuis trois jours. Le Directeur du jury pensa que Jean Fleury allait être guillotiné pour rien. Toute cette affaire était absurde. Le juge avait été lieutenant criminel sous l'Ancien Régime et son père l'avait été avant lui. Il avait toujours aimé son métier. Combattre les criminels et l'insécurité était important. Le peuple le demandait. Mais envoyer sur l'échafaud un jeune homme qui voulait faire ses adieux à sa mère, une vieille femme qui n'avait pas su dire non et une jeune beauté qui avait pour seul tort d'aimer son frère, ce n'était plus de la justice. Pourtant les charges étaient là, incontournables. Jean Fleury et Mme Martin avaient reconnu les faits. Pour Marion, c'était une autre histoire. Elle ne comprenait absolument pas ce qu'elle avait pu faire de mal.

— Mais c'est mon frère! J'ai bien le droit de discuter avec mon frère. On ne s'était pas vus depuis trois ans.

— C'est ton frère mais c'est aussi un émigré. Tu savais très bien que son nom figurait sur la liste des bannis et qu'il est interdit d'aider un banni.

Le Directeur du jury rédigea son acte d'accusation avec rigueur. Un chapitre suffit pour Jean Fleury. S'agissant de Mme Martin, il insista sur l'élément intentionnel. Elle avait hébergé l'émigré en parfaite connaissance de cause, sans être soumise à une menace quelconque de sa part. En revanche, il conclut au non-lieu pour Marion. Il n'existait pas de charges suffisantes qu'elle ait intentionnellement voulu aider son frère. Elle avait voulu partager quelques moments rares avec lui mais ne lui avait porté assistance d'aucune façon.

En reposant sa plume, le Directeur estima que son acte d'accusation était équilibré. Il restait à convaincre le jury d'accusation. Il procéda le lendemain matin au tirage au sort des huit jurés. Le résultat fut assez disparate. Il y avait un notaire, un marchand, deux propriétaires, un négociant, un apothicaire, un officier de santé et un cultivateur.

Les jurés furent convoqués deux jours plus tard. Immédiatement, le Directeur sentit que l'affaire ne leur plaisait pas. C'était quelque chose qu'il sentait très vite, cette réserve commune, ces non-dits éloquents, ces regards fuyants et ces têtes trop souvent baissées. Il exposa aux jurés les éléments du dossier en leur rappelant qu'ils n'étaient pas là pour juger mais simplement pour dire s'il existait des éléments suffisants pour renvoyer les accusés devant le Tribunal criminel.

Les auditions furent déterminantes. Jean Fleury et Mme Martin répondirent avec assurance aux questions du Directeur. Ils affirmèrent ne pas être les ennemis de la Révolution. Il y avait, dirent-ils, des lois naturelles supérieures à toutes les autres lois, comme celle qui consistait pour un fils aimant à se rendre au chevet de sa mère malade ou celle consistant, pour une citoyenne, à faire preuve d'humanité et à laisser un frère embrasser sa sœur. Chez les jurés, tous notables et bercés depuis quelques années par les discours des philosophes des Lumières, la simple évocation des lois naturelles remua la fibre de 1789.

Le verdict fut rendu après seulement une heure de délibéré. Le plus âgé des jurés remit au Directeur l'acte de délibérations. Le Directeur le lut à haute voix, avec une satisfaction visible, même s'il avait dressé lui-même l'acte d'accusation : « Non, il n'y a pas lieu contre l'un et l'autre des prévenus. »

Ainsi, contrairement à la loi, Mme Martin et Jean Fleury étaient innocents. La loi naturelle était plus forte que la loi des hommes. L'équité avait triomphé, bien qu'elle fût elle aussi bannie du territoire de la République.

Ce soir-là, le Directeur du jury mangea de bon appétit tandis que Mme Martin improvisa un souper festif dans son auberge en compagnie de quelques clients compatissants, moins sectaires que d'autres qui, soucieux de montrer leur ferveur révolutionnaire, s'étaient prudemment abstenus. Jean Fleury n'en revenait pas. Même lui avait échappé à l'échafaud.

À 10 heures, le lendemain, le Directeur fut convoqué par le Président du Tribunal criminel de Bordeaux. Le Président était contrarié. Il aimait bien le Directeur du jury. C'était un juge compétent et intègre dont il avait déjà apprécié les mérites sous l'Ancien Régime. Mais il n'avait pas suffisamment pris en compte l'air du temps.

— Cher collègue, tu dois te demander pour quelle raison je t'ai fait venir. Il se trouve que dans l'affaire de la veuve Martin, le jury que tu présidais a quelque peu dépassé les limites du raisonnable. Il est évident que les prévenus étaient coupables. Or, j'ai bien peur que la période ne soit pas favorable aux largesses de ce genre. On raconte que la Convention veut durcir les lois pour les ennemis de la République. À titre personnel, tu as déjà pris des risques inconsidérés en décidant de ne pas poursuivre la jeune Marion Fleury. Je te le dis en ami, citoyen, fais attention, tu ne montres pas assez de ferveur révolutionnaire. Je ne mets pas en cause ton humanité et tes qualités professionnelles, mais tu joues avec le feu.

Le Directeur du jury était mal à l'aise. Tout d'abord, il avait du mal à se faire à ce tutoiement. Non pas que le principe le gênait en soi mais le président était déjà son supérieur hiérarchique sous l'Ancien Régime, à une époque où le vouvoiement était de rigueur. Ensuite, il ne voyait pas trop ce que l'on pouvait lui reprocher. Il avait honnêtement exposé les faits et les jurés avaient décidé en leur âme et conscience.

— Citoyen Président. Croyez-bien que je comprends votre embarras et vous remercie pour votre sollicitude mais le fait est que les jurés ont décidé selon leur intime conviction. Il est vrai que je n'ai pas voulu les influencer. Je préfère laisser la souveraineté populaire s'exprimer. Alors j'ai seulement exposé, sans fard et sans lyrisme, l'acte d'accusation. J'avoue que je ne suis pas déçu par le résultat. Je pense qu'une fois encore les principes révolutionnaires ont triomphé. Le peuple a démontré qu'il savait mieux que nous et mieux que le législateur. Ces prévenus-là n'étaient pas dangereux pour la République.

— Ah, mon cher collègue, je reconnais bien là ta grandeur d'âme mais j'ai peur pour toi. Les choses sont en train de changer très vite. J'étais à Paris il y a quinze jours et la situation est terrifiante. On ne se rend pas bien compte ici mais là-bas, les couteaux sont tirés. S'il te plaît, citoyen, sois plus prudent dorénavant.

En quittant le tribunal, le Directeur ne savait trop que penser. Certes, il avait déplu. Pour autant, il imaginait difficilement que la Révolution puisse s'intéresser à l'affaire de la veuve Martin.

Il avait tort. Le 21 avril 1793, trois mois après la mise hors de cause de Mme Martin et de Jean Fleury, un représentant de la Convention fut installé à Bordeaux. Il se fit communiquer quelques dossiers en cours mais également quelques dossiers achevés. Il voulait apprécier l'orthodoxie révolutionnaire des juges de son ressort. L'affaire Martin attira son attention. Il en discuta longuement avec le Président du Tribunal criminel, envoya une missive à la Convention, reçut une réponse lapidaire et convoqua le Directeur du jury. Celui-ci s'attendait à être reçu par un petit homme sec aux propos haineux et tranchants. Tout au contraire, le représentant en mission se montra particulièrement affable. Il servit du bon vin à son invité. La discussion prit des allures franches et cordiales. Le Directeur restait cependant sur ses gardes et il fit bien.

— Citoyen Directeur, la Convention a parfaitement conscience de la difficulté de ta tâche. C'est pourquoi elle a décrété que les affaires politiques se passeraient dorénavant de jurés. Je sais, je sais, tu vas me dire que c'est contre les principes révolutionnaires, que la justice appartient au peuple. Et tu auras raison, mille fois raison, sauf que la Convention est de toute façon l'émanation du peuple. C'est la guerre, que veux-tu ! Nous avons des ennemis à l'extérieur et des ennemis à l'intérieur. Les lois de la République doivent plier très temporairement, juste le temps pour la Révolution de se débarrasser de tous ses ennemis. Plus tard, nous en reviendrons aux principes, tu peux me croire. En attendant, il nous faut une justice plus rapide et, comment dire, moins soucieuse des considérations personnelles.

— Des considérations personnelles ?

— Je veux dire qu'il n'est pas possible actuellement de tenir compte des situations personnelles des prévenus, de ce qu'ils avaient en tête. Soit ils ont commis les actes réprimés par la loi, soit ils ne les ont pas commis. Voilà tout.

— Mais tu sais bien, citoyen, que les jurés sont très attentifs, ainsi que l'exige la loi, sur la question de l'intention criminelle. Bien souvent ils répondent négativement sur ce point.

— Je sais. Ils ont tort. En agissant ainsi, ils donnent des armes aux ennemis de la Révolution. Bon, cela dit, ce n'est pas précisément pour cela que je t'ai fait venir. Je voulais te parler de l'affaire Martin.

— Ah oui, l'affaire Martin... Mais elle est terminée depuis trois mois !

— En fait non.

— Comment ça, non ?

— J'ai fait réinscrire Jean Fleury sur la liste des bannis.

— Mais c'est absurde !

— Si j'étais toi, citoyen, j'éviterais de qualifier d'absurdes les actes d'un représentant de la Convention !

Le ton n'était plus du tout cordial. Le Directeur du jury sentit qu'il fallait arrondir les angles.

— Excuse-moi, citoyen. Je ne voulais pas dire une chose pareille. Je suis surpris, voilà tout. Comme tu le sais certainement, le décret de septembre 1791 dispose que, lorsque les jurés ont prononcé un non-lieu, le prévenu ne peut pas être poursuivi à raison du même fait, sauf si de nouvelles charges sont apparues depuis le précédent acte d'accusation.

— Ah les juristes ! Toujours à nous balancer les articles de loi à la figure. Puisque tu me fais un cours de droit, peux-tu me dire qui fait la loi ?

— Eh bien actuellement, on peut dire que c'est la Convention.

— Bravo ! Or il se trouve que la Convention entend poursuivre les ennemis de la Révolution même quand un directeur et des jurés à la ferveur douteuse ont décidé le contraire. Mais rassure-toi, la Convention n'entend pas bafouer la loi. En fait, la loi des 28 mars et 5 avril 1793 a exclu les jurés des dossiers politiques et notamment des dossiers d'émigration. Par conséquent, je ne vois rien d'illogique à ce que tu recommences à zéro.

— Comment cela ?

— Tu ne m'as pas bien compris. Quand je dis de recommencer à zéro, je ne parle pas de l'enquête. Il suffira que tu signes de nouveau l'acte d'accusation. Cette fois-ci, il faudra évidemment y inclure Marion Fleury.

— Mais vous êtes fou !

— Décidément, je te trouve très irrespectueux et très imprudent. Cela dit, tu as de la chance. Je ne suis pas rancunier et je respecte les états d'âme... dans une certaine limite. Figure-toi que je comprends tes réticences. Ton Président m'a dit que tu étais un excellent juge. Le problème, c'est que tu prends trop à cœur certains petits détails. À la vérité, je pourrais me passer ton aide. Je pourrais te faire destituer et te remplacer par le premier venu. Je préfère garder un juge compétent. Ce serait dommage d'en priver la justice pour une histoire sans importance. Je pourrais également attendre quelques semaines. Un texte est en préparation qui disposera que les accusateurs publics pourront, dans certains cas et notamment en matière d'émigration, porter directement l'affaire devant le Tribunal criminel statuant sans jurés. Dans certaines affaires politiques, ce seront bientôt eux qui établiront l'acte d'accusation à ta place. Mais franchement, le plus simple serait que tu me signes cet acte d'accusation. Tu n'as pas grand-chose à faire. Il te suffit de rajouter un paragraphe pour Marion et de changer la date de ton précédent acte. Tes collègues du Tribunal criminel s'occuperont du reste. En dix minutes, ce sera fait. Si tu veux, pour ne pas perturber ta concentration, je vais faire un tour dehors. Oui, c'est mieux ainsi. Je m'en voudrais de faire pression sur le cours de la justice par ma présence intempestive. À tout à l'heure.

Le représentant en mission quitta le bureau après avoir vidé un dernier verre et sorti d'un tiroir l'acte d'accusation. Le Directeur du jury se demanda s'il valait mieux perdre son âme que sa tête. Il fit son choix.

Le 25 avril 1793, la veuve Martin, Jean et Marion Fleury furent exécutés.

CHAPITRE DOUZE

— Sol mi do sol sol fa mi ré… fa mi ré… mi ré do. Sol mi do sol sol fa mi ré… fa mi ré la do.

L'ancien Président qui voulait le redevenir était d'humeur guillerette. Il sifflotait sous sa douche son air préféré. Après avoir rebouché le flacon d'Ushuaïa à la noix de coco qu'un ami lui avait offert, il se mit à chanter de plus belle : « Qui a peur du p'tit méchant juge ? C'est p'têtre vous, c'est pas nous. Qui a peur du p'tit méchant juge ? C'est pas nous du tout. »

« Même pas peur », dit-il en souriant. Certes, il aurait préféré que son projet de suppression du PMJ ait abouti en 2009, mais ce n'était que partie remise. Cet échec était d'ailleurs incompréhensible. Le plan avait été si bien conçu. Sous les lambris dorés de la première chambre de la Cour de cassation, ils étaient tous là, à l'écouter religieusement. Il leur avait balancé ça sans fioritures, sans conditionnel, comme une évidence. « Il n'y aura plus de juge d'instruction mais un juge de l'instruction » : trop fort ! Une vraie formule magique empruntée à Henri Donnedieu de Vabres dont le projet de suppression du juge d'instruction avait échoué en 1948. Comme quoi on peut faire du neuf avec de l'ancien ! En 1948, le PMJ n'existait pas encore. Il n'avait pas muté et demeurait un juge d'instruction servile, héritier d'un siècle et demi d'obéissance au pouvoir en place. Mais Donnedieu de Vabres avait senti le danger, la future transformation du juge d'instruction en PMJ. C'est pourquoi il avait tenté d'étouffer le petit chat avant qu'il ne devienne un tigre. Ce fut un échec surprenant, comme fut surprenant l'échec de 2009. L'ancien Président se souvenait pourtant des regards vides et des applaudissements moites de la haute hiérarchie judiciaire qui venait de l'entendre prononcer l'arrêt de mort du PMJ. Ah, ils avaient l'air fin ! Et même extra-fin. « Tiens, c'est amusant, se dit-il, extra-fins, comme les petits pois ! » C'est vrai qu'ils étaient tous pareils, rouges avec plein de médailles, applaudissant mollement à son discours mais s'interdisant, par coutume républicaine de soumission au chef de l'État, de montrer leur désaccord en gardant les bras croisés. Et pourtant, en ce 7 janvier 2009, l'ancien Président n'avait rien mis dans la balance. Il avait gardé le beurre, l'argent du beurre et le couteau à tartiner. Il n'avait pas laissé entrevoir la moindre avancée sur le statut du parquet. Le parquet était aux ordres et il allait le rester. Sinon, quel était l'intérêt de lui confier toutes les enquêtes ?

Dans la lancée, comme l'avaient programmé quelques conseillers avisés, des chefs de juridiction mirent un point d'honneur à se ranger à l'avis présidentiel et à appuyer celui-ci dans leurs discours solennels de rentrée judiciaire. Certains étaient sincèrement convaincus par le projet. D'autres ne l'étaient pas du tout et, par conséquent, redoublèrent de zèle pour le cacher. Rien n'avait été laissé au hasard. Une étape importante suivrait, qui allait faire du projet homicide une simple formalité. L'ancien Président avait créé une commission de réflexion qui devait prochainement se ranger à l'avis présidentiel. Il adorait ça, les commissions de sages qui, après mûres réflexions, décidaient de proposer ce qui avait déjà été décidé. De plus, par un heureux hasard des calendriers, l'incarnation du PMJ la plus détestée en cette année 2009, un jeune juge d'instruction en bois brut tombé du haut de la tour du renard, était programmé pour être pris par l'oreille à compter du 2 février et amené dans le maquis du Conseil supérieur de la Magistrature.

Pour appuyer la volonté présidentielle et profiter de l'effet produit par le passage en audience disciplinaire du jeune juge, la commission de sages avait décidé qu'il était urgent de sortir, dès le mois de mars 2009, un pré-rapport préconisant la suppression du PMJ et son remplacement par le JEL, le Juge de l'Enquête et des Libertés. Le JEL avait été conçu pour que la réforme glisse en douceur. Le parquet dirigerait toutes les enquêtes mais il fallait bien un juge pour donner son aval aux mesures d'investigations attentatoires aux libertés individuelles, telles les perquisitions ou les écoutes téléphoniques : Convention européenne des droits de l'homme oblige ! Le Procureur made in France présentait en effet la qualité indiscutable d'être dépendant hiérarchiquement du pouvoir exécutif mais, du coup, était dans l'obligation de faire tamponner ses demandes par un juge. Le projet de suppression du PMJ prévoyait donc, contraint et forcé, la création d'un JEL tamponneur. Tout était donc parfaitement ficelé.

Parfois, pensa l'ancien Président, le mieux est l'ennemi du bien. Si tout était ficelé à la perfection, la ficelle restait un peu grosse. Par la fenêtre de la salle de bains, il vit un nuage passer dans le ciel bleu. Comme il était particulièrement de bonne humeur, il décida de s'interdire toute idée noire et se remit à chanter : « Qui a peur du p'tit méchant juge ? Tralalalère. » Après tout, ce n'était que partie remise et la seconde manche commençait bien. Pour la réunion au Château, il avait choisi une équipe de choc, deux conseillers motivés comme des Ayatollah en 1979.

Avocats tous deux, mais très différents l'un de l'autre. Le premier était petit, ébouriffé, laid comme un corbeau et n'avait pas défendu un Petit Cochon depuis au moins trente ans. Ses clients étaient tous des hôtes du Château de brique. Le second, au contraire, avait une prestance incontestable et continuait à défendre les Petits Cochons. Certes, il les défendait de moins en moins souvent, depuis que son agenda s'était rempli de rendez-vous avec des clients du Château, mais de temps en temps il aimait revenir à l'époque où, jeune avocat, il défendait les justes causes, c'est-à-dire, la plupart du temps, celles des Petits Cochons passés à la broche. Trouver une juste cause quand on défendait les hôtes du Château n'était pas chose aisée : alors, par nostalgie, il acceptait encore de plaider pour les Petits Cochons.

Fort curieusement, si les deux avocats étaient vent debout contre le PMJ, c'était pour des raisons opposées. L'un voulait la mort du PMJ pour protéger ses clients du Château, l'autre pour protéger les Petits Cochons de son souffle intempestif. Pris en étau, cette fois-ci le PMJ était foutu, songea l'ancien Président en se dirigeant vers le grand amphithéâtre.

À son arrivée, le Patron était déjà là, ainsi qu'une vingtaine de privilégiés de second plan. Étant donné l'ordre du jour plutôt alléchant, l'amphithéâtre était incroyablement désert. Tout aussi surpris que l'ancien

Président, le Patron avait envoyé son conseiller se renseigner sur les causes d'une si grande désaffection. Celui-ci ne tarda pas à revenir, la mine un peu déconfite :

— Ce n'est pas du désintérêt pour le sujet, indiqua-t-il au Patron, mais vous avez fixé la réunion au pire moment. La plupart des hôtes du Château assistent à une formation organisée par le service d'optimisation fiscale.

— Le quoi?

— Le service d'optimisation fiscale. C'est un service qui apprend à nos hôtes à ne pas payer d'impôts de façon parfaitement légale. Évidemment, ça a un succès fou. D'habitude, on a du mal à obliger nos hôtes à effectuer leur semaine de formation continue obligatoire. Et là, c'est full à chaque fois! Il faut dire que beaucoup de nos pensionnaires commençaient à montrer de la fébrilité... à cause du PMJ, bien sûr, mais surtout depuis qu'un ministre du Budget a été expulsé du Château. Les expulsions sont plutôt rares, surtout pour un motif de fraude fiscale. Qu'un membre éminent du Château soit exclu, comme cela est arrivé récemment, pour son goût immodéré des Petites Cochonnes, passe encore... mais pour des histoires d'argent, c'est un comble! Du coup, le non-paiement légal des impôts est à la mode. En fait, il est moins compliqué de ne pas payer d'impôts de façon légale que de façon illégale.

— Bon, tant pis pour les absents. Nous allons commencer. Que ceux qui ont été désignés pour débattre de l'avenir du PMJ se fassent connaître.

Les deux avocats partisans de la mise à mort s'approchèrent des pupitres installés en bas de l'amphithéâtre. Personne ne fut surpris. Ils avaient déjà acquis une grande réputation de chasseurs de PMJ en 2009. En revanche, une grande clameur, étonnamment puissante en considération de la faible affluence, accueillit l'arrivée à la tribune d'une figure mythique. Excepté le Patron, le Vicomte était le seul immortel résident permanent du Château. Personne ne savait par quelle alchimie il lui avait été permis de conserver sa place sous les lambris après sa mort théorique. Le Château recelait des secrets que même le Patron ignorait.

— François-René ! Quelle bonne surprise ! s'exclama le Patron. Que nous vaut cet honneur ?

— Je viens défendre le PMJ, répondit le Vicomte avec force.

Un bourdonnement, mélange polyphonique de désapprobation et de surprise, parcourut l'amphithéâtre. Il se répandit ensuite dans les couloirs du Château. La nouvelle parvint aux oreilles des assistants à la réunion du service d'optimisation fiscale et plusieurs d'entre eux, au risque de rater quelques subtilités sur l'art de vivre et d'entreprendre en

France sans payer d'impôts nulle part, décidèrent de rejoindre le grand amphithéâtre où un spectacle de qualité semblait devoir se dérouler. Assuré de l'effet produit par la participation du Vicomte, le Patron avait attendu avant d'ouvrir les débats et, de fait, la salle s'était remplie en dix minutes à peine. Le Vicomte, revêtu de sa traditionnelle redingote, le coude gauche appuyé sur un pupitre comme s'il s'agissait des remparts de Saint-Malo, lançait un regard romantique et profond vers l'horizon. Il semblait regarder le rocher du Grand Bé où son corps reposait et, au-delà, les Amériques. Fidèle à son habitude, il avait glissé sa main droite du côté gauche de sa redingote, légèrement en dessous du cœur mais suffisamment au-dessus de l'estomac pour ne pas ressembler à Napoléon.

— C'est à croire que tous les grands hommes placent la main sur leur abdomen, souligna un journaliste accrédité en s'adressant à l'un de ses confrères. Au fait, t'as entendu la nouvelle ? Le Président a eu une aventure et a rompu avec la Première dame !

— Je ne suis pas surpris. Si l'on parle de première dame, c'est bien qu'il y en a une deuxième, voire une troisième.

Le Patron parvint à faire cesser le brouhaha ambiant et donna la parole à l'accusation. Ce fut le plus petit des deux avocats par la taille, le talent et la moralité qui s'avança :

— Je ne sais pas pour quelle raison nous perdons notre temps. Il n'y a qu'à supprimer ce petit juge régicide.

— Pouvez-vous expliquer pourquoi ? questionna le Patron.

— Rien de plus facile. Il suffit de prendre deux ou trois exemples. Il y a quelque temps, l'ancien Président, alors qu'il était encore Président, a été invité dans un Château étranger, un très beau Château de marbre et d'or.

— Ce devait être un pays très riche, souligna le Vicomte.

— Pas du tout, mais le Château était particulièrement luxueux. D'ailleurs, à ce propos, je trouve que notre Château laisse de plus en plus à désirer côté standing. Il faut en imposer au peuple et lui montrer que nous sommes les puissants. Moi-même j'ai une Jaguar et deux Porsche. Comme cela mes clients pensent à juste titre que j'ai réussi et que je suis particulièrement compétent.

— Cela dépend des clients que vous voulez avoir, remarqua le Vicomte.

— Ceux qui peuvent payer, évidemment.

— Dans ce cas, je reconnais que vous avez raison d'afficher votre succès, admit le Vicomte.

Rassuré par ce qu'il avait pris pour une approbation mais passablement énervé par les interruptions trop fréquentes du Vicomte, l'avocat mit les choses au point :

— Serait-il envisageable de ne pas être sans cesse interrompu ? Monsieur le Vicomte a peut-être tout son temps devant lui, ce qui ne serait pas surprenant pour un immortel, mais ce n'est pas mon cas. J'ai rendez-vous dans une heure avec le patron d'un laboratoire pharmaceutique injustement accusé par le PMJ d'avoir vendu des médicaments contre l'hypertension qui rendent totalement impuissant. Si vous le permettez, je reprends donc mon histoire édifiante. L'ancien Président, disais-je, était donc invité dans un grand pays étranger, où de nombreuses réjouissances l'attendaient. Tout le monde était repu et satisfait. Les drapeaux des deux pays se mélangeaient dans une foule joyeuse et bigarrée. Et tout à coup, patatras…

— Quoi ? demanda le Patron.

— La nouvelle est tombée aussi brutalement qu'un orage en Louisiane. Le PMJ venait de lancer des mandats d'arrêt internationaux contre le proche entourage du Chef d'État étranger qui recevait notre Président avec tant de gentillesse et de faste. Évidemment, ça a cassé l'ambiance. Notre Président, en apprenant la nouvelle, a failli s'étouffer avec une corne de gazelle. Je vous laisse imaginer son humeur massacrante. Dès son retour, l'on raconte qu'il aurait exigé la tête de cette incarnation du PMJ qui avait osé lui faire un coup pareil. Souffler contre le Château de brique est devenu une mauvaise habitude mais souffler contre le Château d'or et de marbre d'un souverain étranger, c'était vraiment dépasser les bornes! Un tel comportement irresponsable méritait des sanctions. Sauf que c'était très compliqué. Le PMJ a un statut tout à fait exorbitant. En fait, on ne peut pas le virer s'il n'a pas commis de très grosses fautes. Le PMJ bénéficie en effet, comme tous les juges, de l'inamovibilité garantie par la Constitution. C'est très embêtant. Pour autant, l'affront devait être lavé et, mais je parle sous toutes réserves car il peut s'agir d'un pur hasard, une inspection du cabinet du juge par les services judiciaires de la Chancellerie fut opportunément décidée.

— Quel rapport avec ce voyage officiel dans le Château de marbre et d'or?

— Il était impossible de sanctionner cette incarnation du PMJ pour avoir fait son travail en lançant les mandats. C'était son imperium de juge. Alors il fallait lui chercher des poux dans la tête. Personne n'est parfait. Pendant deux ans, l'inspection des services judiciaires s'en chargea. Elle ne trouva pas grand-chose. Le cabinet de ce juge était dans l'ensemble mieux tenu que la plupart des cabinets de ses collègues. Il y avait tout de même un peu de poussière sur les meubles et cette incarnation du PMJ fut donc traduite devant le Conseil supérieur de la Magistrature, accusée de ne pas avoir passé suffisamment le chiffon.

— Et que se passa-t-il? demanda le Patron.

— Entre-temps, il y eut l'alternance. Le Président était hélas devenu l'ancien Président. De plus, les juges et le monde de la justice avaient pris la mauvaise habitude de se serrer les coudes. Ils avaient même manifesté dans les rues de Paris aux cris de « assis, debout, mais pas couché ». Du grand n'importe quoi. Bref, le Conseil supérieur de la Magistrature décida d'absoudre cette incarnation du PMJ au seul prétexte qu'elle n'avait commis aucune faute. Il faut pourtant imaginer à quel point cette histoire de mandats fut désastreuse pour l'image de la France à l'étranger. Cela signifie qu'un Président français ne peut pas serrer la main de qui il veut, ne peut pas passer des accords avec qui il veut sans risquer d'être ridiculisé par le PMJ, de passer pour un petit rigolo qui n'est pas capable de faire le ménage chez lui. Et il ne s'agit que d'un exemple. La liste est longue des exactions du PMJ, à commencer par celle des affronts subis par mon client, actuellement ancien Président mais qui le redeviendra bientôt. La plupart de ses amis ont été mis en examen par l'une des incarnations les plus abominables du PMJ.

— Il paraît qu'il existe même un abominable PMJ des neiges, plaisanta le Vicomte.

— Ça ne m'étonnerait pas, reprit l'avocat. Je voulais illustrer par cet exemple l'insoutenable légèreté du PMJ. Un autre exemple topique me revient en mémoire, qui a gravement affecté un hôte du Château estimé de tous. Deux incarnations irresponsables du PMJ s'apprêtaient à renvoyer le maire très estimé du Ve arrondissement de Paris pour une affaire absurde de prétendues fraudes électorales. Or les élections municipales de mars 2008 approchaient. Il était à l'évidence mal venu de renvoyer en correctionnelle le maire, candidat à sa réélection, à l'approche d'une telle échéance. Le Président du Tribunal de grande instance de Paris de l'époque, supérieur hiérarchique des deux incarnations malfaisantes, les avait convoquées de façon totalement spontanée pour leur demander de différer la signature de l'ordonnance de renvoi scélérate. Croyez-vous que les deux incarnations suivirent ce sage conseil ? Point du tout, signe évident et récurrent de leur incompréhension des difficultés rencontrées par nos élus et de leur mépris de la hiérarchie. Le Procureur de la République de Paris, qui avait d'ailleurs informé le Président susvisé, afin qu'il puisse agir spontanément et préventivement, fustigea dans un journal renommé pour son sérieux l'intrusion de ces juges dans la campagne électorale. Et comment ne pas lui donner raison ! Le PMJ ne respecte même plus les traditions républicaines comme celle de la non-immixtion dans les processus électoraux.

— Ce n'est pas cette tradition républicaine que le PMJ ne respecte plus, souligna le Vicomte, c'est celle qui consiste pour la Justice à baisser son pantalon dès que le Château le lui demande.

— Je vous en prie ! Je ne vous ai pas interrompu, alors ne m'interrompez pas !

— Vous ne pouvez pas m'avoir interrompu puisque je n'ai pas encore pris la parole, si ce n'est pour rétablir quelques vérités malmenées. Mais puisque vous donnez des exemples, n'oubliez pas certains détails qui pourraient intéresser notre auditoire. Après avoir fini leur instruction en avril 2006, les deux juges attendaient le réquisitoire définitif du Procureur qui doit normalement précéder leur décision. Devant le délai anormalement long pris par le Procureur pour rendre sa copie, les juges l'avaient averti en novembre 2007 que, faute pour lui d'avoir respecté les délais prévus par la loi, ils rendraient leur ordonnance sans réquisitions si celles-ci n'arrivaient pas prestement. Comme le Procureur ne voulait manifestement pas transmettre sa copie, les juges ont finalement rendu leur décision après deux années d'attente. Le PMJ mériterait-il la mort pour cela ?

— Je veux la mort du PMJ parce qu'il fait rien que nous embêter ! s'énerva l'avocat.

— C'est bon, conclut le Patron pour calmer les débats, nous avons bien compris vos arguments. Peut-être Monsieur l'ancien Président veut-il ajouter quelque chose avant que son second conseiller ne prenne la parole ?

— Oui, bien volontiers. Je n'ai rien contre la justice en général. J'ai des amis magistrats et j'ai même un ami qui a été une célèbre incarnation du PMJ dans le passé. Mais le PMJ est devenu un Saint-Just qui se permet n'importe quoi sous prétexte d'appliquer la loi. Il n'y a plus de respect, plus de limites. Vous verrez qu'un de ces quatre, le PMJ me mettra sur écoutes, voire en garde à vue.

— Merci. Pour rester dans le même registre, nous sommes impatients d'entendre les arguments du second représentant de l'accusation. Allez-y, Maître, nous vous écoutons.

L'avocat se dressa de son immense taille, fit quelques raclements de gorge et se lança dans la bataille :

— La liste est longue des erreurs commises par le PMJ. Les maisons de paille dévastées à tort pavent la République d'un tapis de honte. Nous devons nous porter au secours des Petits Cochons injustement accusés. Ils sont notre peuple, notre sang, notre raison d'être. Et en plus ce sont eux qui votent et payent des impôts !

— Je reconnais bien là votre lyrisme, Maître, avec en plus une pointe de pragmatisme, souligna le Patron.

— Et je ne fais pas seulement allusion à Bruay-en-Artois, l'affaire Dils, le petit Grégory, Outreau, mais à toutes les affaires que nous ne connaissons pas.

— C'est-à-dire ?

— Toutes les erreurs judiciaires manifestes commises par le PMJ qui nous sont restées inconnues.

— Oui, mais dans ce cas, comment savez-vous qu'elles ont existé ?

— C'est une question statistique. À partir du moment où il est prouvé que le PMJ s'est trompé plusieurs fois au travers des âges, c'est qu'il s'est trompé bien plus souvent, étant donné que l'on ne peut pas tout savoir.

— Admettons que vous ayez raison, admit le Patron, le problème n'est pas uniquement de savoir si le PMJ se trompe parfois, c'est de savoir s'il existe un système qui éviterait les erreurs judiciaires de manière plus efficace. Avez-vous une suggestion sur ce point ?

— Quel que soit le système, il sera toujours préférable à ce PMJ qui se prend pour Éole. Il faut un juge extérieur au dossier qui contrôlera les enquêtes du parquet. Ainsi, ce juge sera totalement impartial. Il analysera avec objectivité les demandes du parquet. C'est ce que nous avions préconisé avec la création du JEL.

— Pour être extérieur au dossier, il sera extérieur au dossier, tellement extérieur qu'il ne le connaîtra même pas, ironisa le Vicomte. Étouffé par les dossiers, il se contentera de tamponner les demandes du parquet. Et puis, dans l'hypothèse où la justice se verrait soudainement pourvue de moyens qu'elle n'a jamais eus, il reste un problème essentiel : votre JEL statuera sur ce qu'on lui présentera. Mais que se passera-t-il si le Procureur ne veut pas enquêter dans une autre direction, ou pire, ne veut pas enquêter du tout ?

— Pourquoi n'enquêterait-il pas ?

— Par exemple parce qu'il serait aux ordres du Château et que l'affaire concernerait l'un de ses hôtes.

— Pure hypothèse d'école ! Mais figurez-vous que nous y avons tout de même pensé. Nous avons prévu dans notre projet que le JEL, saisi par une victime, pourra ordonner au Parquet d'enquêter même si celui-ci avait décidé de classer l'affaire sans suite.

— Maître, avez-vous déjà essayé de faire boire un âne qui n'a pas soif ? demanda le Vicomte.

— Non, bien sûr que non, mais j'ai du mal à saisir...

— Oh si, vous saisissez très bien. Dans votre système, le Procureur aura décidé de ne pas diligenter d'enquête en raison du principe de l'opportunité des poursuites que j'appellerai plutôt le principe de l'opportunité des non-poursuites. Une victime, s'il en existe une, demandera au JEL d'ordonner au Procureur de mener tout de même des investigations. Celui-ci, qui ne le voulait pas, parfois pour ne pas déplaire en haut lieu, sera, nous pouvons en être certains, d'une diligence remarquable pour mener à bien cette enquête forcée. Et je ne parle pas de la police judiciaire qu'il saisira pour mener les investigations et qui, également soumise à sa hiérarchie politique, mettra sans aucun doute une ardeur sans pareille à effectuer une enquête dont personne ne veut. Voyez-vous, Maître, j'ai traversé bien des époques. J'ai vu toutes sortes de régimes et le Château a toujours cherché à contrôler les dossiers sensibles. Les enquêtes politico-financières sont les plus complexes à mener, d'un point de vue technique et en raison de l'adversaire que l'on trouve sur son chemin. Il faut une volonté farouche de les mener à bien pour avoir une petite chance de succès. Confier une telle enquête à une personne qui, dès l'origine, avait décidé de ne pas la mener est absurde. Et c'est vous qui parliez de schizophrénie parce que le PMJ est à la fois juge et enquêteur ! N'y a-t-il pas un paradoxe encore plus grand à diligenter, contraint et forcé, une enquête sur des infractions que l'on ne veut pas poursuivre et que l'on ne poursuivra pas ? Et puis, il y a l'excès inverse, encore plus dangereux, mais qui vise cette fois-ci les Petits Cochons.

— Que voulez-vous dire ?

— À côté du Procureur qui ne veut pas enquêter et encore moins poursuivre, il y a le Procureur qui veut à tout prix poursuivre des infractions qui ne sont pas établies. Imaginons que des hôtes puissants du Château, par exemple en période électorale, souhaitent jouer sur la fibre sécuritaire pour rassurer les Petits Cochons honnêtes, leur prouver qu'ils peuvent aller se promener dans les bois puisque le loup, interpellé à 6 heures du matin, n'y est plus. Imaginons que ces puissants demandent au Procureur de faire en sorte que des coupables soient trouvés, que se passera-t-il dans votre système ?

— Eh bien, le Procureur fera son enquête et, s'il n'a pas fait arrêter les bonnes personnes, le JEL les libérera.

— Croyez-vous que le JEL se rendra compte plus facilement de leur innocence que le PMJ alors qu'il ne suit pas les dossiers au jour le jour, qu'il participe de très loin et par intermittence à l'enquête ? Cela me fait penser à un gâteau anglais que j'ai malencontreusement mangé il y a quelques années. Ce gâteau était alléchant – crémeux et multicolore : bleu, rose, blanc et même un peu orange. Personne ne savait comment il avait été fait. Il faisait illusion mais les œufs étaient pourris, le beurre rance et la farine rassie. Je n'ai pas dormi de la nuit. Le JEL, c'est la même chose. On lui fera avaler n'importe quoi si c'est bien présenté. L'enquête pourra lui sembler belle mais seuls ceux qui l'auront faite en connaîtront les ingrédients.

— Oui, mais nous, les avocats, dans un système accusatoire calqué sur le modèle anglo-saxon, défendrons avec puissance et conviction les Petits Cochons accusés injustement.

— C'est cela, il y aura le Procureur d'un côté avec toutes les forces de police à ses ordres, et de l'autre il y aura vous. Au milieu, un JEL tamponneur pris en sandwich entre deux piles de dossiers. Il en aura bien de la chance, le Petit Cochon qui aura pour défenseur un ténor tel que vous. Mais combien prenez-vous de l'heure, Maître ?

— Je vous en prie : nous ne sommes pas ici pour aborder ces questions triviales.

— Ah bon, vous trouvez ! Je n'en suis pas certain car quand on voit le budget de l'aide juridictionnelle, on se demande vraiment si tous les Petits Cochons pourront bénéficier d'une défense de poids face aux services du Procureur. Regardez l'Amérique, pays cher à mon cœur. Le système y est accusatoire. Il n'y a pas de juge d'instruction. Le procureur mène son enquête et les personnes poursuivies sont libres de mener la leur, de diligenter des expertises privées, de prendre des grands cabinets d'avocats, d'engager des détectives et de rechercher des témoins. Ils en sont libres pourvu qu'ils en aient les moyens. De même qu'ils sont remis en liberté s'ils payent une caution. J'ignore si vous avez gardé son numéro de téléphone mais demandez à notre ancien camarade, exclu du Château à la suite d'une déconvenue dans un hôtel new-yorkais, combien cela lui a coûté pour être innocenté. Eh oui, Maître, dans votre système rêvé, l'innocence coûte très cher. Être innocenté n'est pas un luxe à la portée des pauvres.

— Je ne prétends pas que le système américain soit satisfaisant. Je me réfère plutôt au système anglais. Dans ce pays, les Petits Cochons sont défendus quel que soit leur niveau de fortune.

— Je vous l'accorde, Maître. Le budget de l'aide juridictionnelle anglais était jusqu'à récemment dix fois supérieur à ce qu'il est en France. Sauf que, même au pays de l'habeas corpus, les coupes budgétaires ont ébranlé l'édifice. Les avocats ont protesté, manifesté et certains se sont mis en grève, estimant qu'ils n'avaient plus les moyens d'assurer correctement la défense de leurs clients et de faire poids face à l'accusation. Or de cet équilibre dépend la crédibilité du système accusatoire. Le système inquisitoire, qui donne une place centrale au PMJ dans les affaires les plus importantes pour les libertés individuelles, a du moins, malgré tous ces défauts, le mérite d'être gratuit. Les Petits Cochons n'ont pas à payer le coût des investigations diligentées par le juge.

— À condition que le PMJ daigne instruire à charge et à décharge.

— C'est exact, quelques incarnations oublient trop souvent que dans cette instruction à charge et à décharge résident l'honneur et l'utilité de leurs fonctions. De grandes avancées ont déjà eu lieu pour assurer une instruction impartiale. En particulier, les avocats peuvent faire des demandes d'actes au juge d'instruction qui, s'il refuse de faire les investigations sollicitées, doit rendre une ordonnance susceptible d'appel. La procédure d'instruction est devenue contradictoire. Elle assure de mieux en mieux les droits de la défense, beaucoup mieux que ne pourrait le faire un JEL tamponneur face à la toute-puissance du parquet. Comparé au PMJ, pilier de la procédure française, le JEL serait la cabane au fond du jardin où se rendrait le Procureur quand le besoin s'en ferait sentir. Plutôt que tout détruire, n'est-il pas préférable d'améliorer le système ?

— Et laisser les Petits Cochons face à un PMJ arrogant qui dispose du droit de vie ou de mort sur eux ?

— Ce n'est pas en supprimant le juge que l'on humanise la justice, c'est en rendant le juge plus humain ! Et puis, votre description ne correspond plus à la réalité. Admettons que cela soit parfois exact, il y a des limites à la lâcheté d'un homme mais pas à la lâcheté d'une institution. Vous devriez être heureux d'avoir un bouc émissaire, un responsable identifiable en cas d'erreur judiciaire. Les erreurs du parquet sont au contraire anonymes. Les erreurs de cette grosse machine ne sont au mieux que des statistiques.

Des murmures se firent entendre dans le public. Le Vicomte avait marqué des points. Le ténor du barreau savait qu'il devait renverser la situation de toute urgence. Pour cela, il n'y avait rien de mieux que de faire appel aux grands sentiments qui flottaient encore dans le cœur de quelques hôtes du Château.

— J'ai vu, reprit l'avocat, et mes yeux se sont embués de larmes, une mère qui venait de perdre son enfant lâchement assassiné, conduite menottée devant un petit juge méprisant. Qu'y a-t-il de plus terrible, après avoir perdu un enfant chéri, que d'être accusé de l'avoir tué ? Comment peut-on dire à une mère dans le désespoir qu'elle est un monstre sur la base de deux ou trois vagues indices ? Seul un juge autiste, enfermé dans ses certitudes et désireux avant tout de trouver un coupable, est capable d'une telle ignominie. Laisserons-nous encore de telles injustices se produire alors que nous pouvons éradiquer le mal en supprimant sa cause ? Mettons à mort le PMJ ! Que plus jamais un Petit Cochon n'ait à souffrir de ses erreurs ! Le PMJ est l'ancêtre du lieutenant criminel de l'Ancien Régime. Comme lui, il continue à torturer pour obtenir des preuves.

Une partie du public se leva pour applaudir le talent de l'orateur. C'était beau, c'était grand.

— Félicitations, dit le Vicomte. Vous êtes décidément très doué. Oui, le PMJ fait des erreurs. Oui, avant lui, le lieutenant criminel, le Directeur du jury et le Juge d'instruction en commettaient aussi. Mais il y a plus de points communs entre le Président de la République et le Roi de France qu'entre le lieutenant criminel et le PMJ.

— Le vrai problème, rétorqua le Patron, ce n'est pas la suppression du PMJ, c'est que nous ignorons comment le remplacer. Cette histoire de Procureur qui mène toutes les enquêtes, c'est un peu indigeste. Le débat est ancien et, chaque fois que l'on a émis l'idée de remplacer un juge indépendant par un procureur aux ordres, ça a coincé. La dernière fois, il faut bien dire que le PMJ a été aidé par les événements. C'est à croire que certains procureurs avaient décidé de caricaturer le système pour sauver le PMJ en faisant preuve d'une soumission totale au Château. Bref, aucun Petit Cochon n'a cru aux vertus d'un Procureur hiérarchiquement dépendant du pouvoir exécutif qui instruirait à charge et à décharge tout en accusant.

— Oui, reprit le Vicomte en s'adressant à l'accusation, c'est là votre pire paradoxe. Vous parlez de la schizophrénie du juge d'instruction qui enquête et juge, mais que dire de celle du Procureur qui enquête et accuse ! Ne craignez-vous pas que parfois le Procureur construise un dossier pour servir sa future accusation ? Peut-on diriger une enquête et être maître des poursuites ? La séparation des organes d'enquête et de poursuites a longtemps été considérée comme une garantie et elle l'est encore dans des pays de Common Law, tel le Canada, qui applique pourtant le système accusatoire cher à votre cœur. En supprimant le PMJ, vous irez encore plus loin dans la concentration des pouvoirs, laissant face à une machine redoutable des avocats commis d'office sous-payés et des Petits Cochons sans défense.

— Oui, mais un parquet aux ordres qui a tous les pouvoirs, c'est tout de même bien pratique, souligna l'avocat court sur pattes.

— Expliquez-nous cela, demanda le Patron.

— Eh bien, j'ai l'impression que nous nous égarons. Il s'agit de protéger le Château et je trouve que l'on parle un peu trop des Petits Cochons. Les membres du parquet ne sont ni plus ni moins mauvais que le PMJ. La vraie différence, c'est qu'ils sont hiérarchisés. Les substituts, vice-procureurs et autres procureurs-adjoints agissent au nom et sous la direction de leur chef, le Procureur. Si vous tenez le chef de la meute, vous les tenez tous. Si vous contrôlez les deux, trois procureurs qui peuvent vous nuire, vous contrôlez tout le système, à condition bien sûr qu'il n'y ait plus de PMJ. Parce que s'il n'y a plus de PMJ, il n'y a plus de possibilité de se passer du Procureur. Les victimes ne pourront plus porter plainte avec constitution de partie civile devant le PMJ et contourner ainsi les classements sans suite du parquet. La suppression du PMJ devient d'autant plus urgente que la Cour de cassation a récemment admis la recevabilité des constitutions de partie civile des associations ayant pour objet la lutte contre la corruption. Avant cette décision, personne ne pouvait se constituer partie civile parce qu'aucun Petit Cochon n'était personnellement victime de l'infraction de corruption. Ce sont tous les Petits Cochons qui en étaient victimes mais aucun d'entre eux en particulier.

— Ne serait-il pas envisageable de supprimer le PMJ en rendant le Parquet indépendant du Château ?

demanda à haute voix un journaliste accrédité qui essuya immédiatement un regard noir de l'avocat.

— Et puis quoi encore ! Faut-il que je rappelle à tous l'exemple funeste de l'Italie ? Ils ont fait cela en 1989 et aujourd'hui un ancien Président du Conseil est à la rue. Il nous a même demandé l'asile[1]. Il est encore préférable de garder le PMJ plutôt que de donner l'indépendance au Procureur. On arrive plus ou moins à gérer le PMJ, étant donné les moyens ridicules dont il dispose. Mais un procureur indépendant pourrait compter sur toute son équipe de substituts, vice-procureurs, procureurs-adjoints et tout son staff de greffiers et autres fonctionnaires. Non vraiment, tout sauf ça !

— Nous aurions peut-être dû, intervint un haut Magistrat qui s'était fait une spécialité, quand il était procureur, de ne jamais ouvrir d'informations judiciaires, poursuivre notre politique d'affaiblissement du PMJ plutôt que de chercher à le supprimer purement et simplement. Nous avions à long terme une politique visant à affaiblir le PMJ en l'affamant.

— Le problème, rétorqua l'avocat court sur pattes, c'est qu'un PMJ affamé est d'autant prêt à mordre. Il n'est jamais aussi dangereux que lorsqu'il est acculé.

1. Ce célèbre homme politique italien a été récemment contraint d'exercer son charme, pour éviter une peine de prison ferme, non plus sur des jeunes femmes, mais sur des octogénaires... Grandeur et décadence.

— Certes, avec cette stratégie de pourrissement, le PMJ a traité de moins en moins d'affaires mais il est toujours parvenu à traiter celles qui nous faisaient mal. Nous avions pourtant mis en place « le cercle vertueux ».

— C'est-à dire ? questionna le Patron.

— Nous avions demandé aux parquets d'ouvrir de moins en moins d'informations judiciaires. Nous avions également rendu plus difficiles les plaintes avec constitution de partie civile devant le PMJ. Comme le PMJ traitait de moins en moins d'affaires, nous avons pu légitimement réduire au strict minimum les nominations de nouvelles incarnations. Chaque année, pas plus de cinq à six postes d'incarnations de PMJ étaient offerts à la sortie de l'École nationale de la Magistrature. Puisqu'il y avait de moins en moins d'incarnations du PMJ dans les tribunaux, il était nécessaire de réduire encore davantage le nombre de dossiers confiés aux derniers survivants. Du fait de cette nouvelle réduction des ouvertures d'informations, il nous était alors possible d'accentuer notre politique de réduction des incarnations. Et ainsi de suite. Moins de dossiers, moins d'incarnations. Moins d'incarnations, moins de dossiers et donc encore moins d'incarnations. Le PMJ était une espèce en voie de disparition. Il est certain qu'à la fin on aurait eu sa peau. Notre erreur est d'être allé un peu trop vite en besogne. Au moment du coup de grâce, le PMJ avait encore trop de vigueur.

— Je pensais qu'une espèce en voie de disparition devait être protégée, mais je vois que c'est plutôt l'inverse, remarqua le Vicomte.

À cet instant du débat, le Président en exercice fit son apparition dans l'amphithéâtre.

— Je suis un peu en retard, excusez-moi. Je reviens tout juste d'Afrique.

— Vous êtes tout excusé, dit le Patron. Je suis heureux que vous soyez des nôtres car c'est vous qui devrez mettre en musique ce que nous déciderons, si nous parvenons à décider quelque chose. Quelle est votre position sur l'avenir du PMJ ?

— Moi, je suis favorable à la collégialité des juges d'instruction, à condition qu'elle ne coûte rien. Il n'y a plus d'argent dans les caisses et il y a encore deux ou trois petites guerres en Afrique à budgétiser.

— Je précise, reprit l'avocat court sur pattes, que nous avons abandonné cette idée car la collégialité aurait renforcé considérablement la puissance de souffle du PMJ. Quoi qu'à bien y réfléchir…

— Oui, Maître, auriez-vous une idée lumineuse à nous faire partager ? intervint le Patron.

— À la réflexion, je dois admettre, même si cela m'en coûte, que l'idée du Président, bientôt ancien Président, n'est pas si mauvaise. En fait, si l'on clone le PMJ en trois, on obtient trois PMJ et donc trois fois plus de souffle contre le Château. Au contraire, si l'on ne clone pas le PMJ, on le divise par trois au lieu de le multiplier.

— J'ai du mal à saisir votre raisonnement, dit le Président.

— Pourtant c'est mathématique. Prenez trois incarnations de PMJ qui ont chacun cent dossiers en cours. Si la loi les oblige à travailler en collégialité, ils vont normalement devoir connaître et suivre chacun trois cents dossiers et non plus cent, puisque l'on ne va pas augmenter leur nombre par clonage. Du coup, ils n'auront plus le temps de souffler.

— Mais attendez, ce n'est pas l'objectif. La collégialité est faite pour éviter les destructions intempestives des maisons de paille et rien d'autre, souligna le Président.

— Ah bon, et moi qui pensais que pour une fois vous aviez conçu une véritable stratégie! répondit l'avocat.

— Bon, reprit le Patron. Il est temps de conclure ce débat et de passer au vote. Deux questions seront posées : faut-il supprimer le PMJ ? Le lien hiérarchique entre le Procureur de la République et le Château doit-il être supprimé? Chacun des avocats de l'accusation peut dire un mot pour conclure, puis nous laisserons Monsieur le Vicomte développer sa plaidoirie.

— Je serai très bref, annonça le petit avocat. Le PMJ est une menace pour le Château. Il faut donc le supprimer. Mort au Juge régicide!

— Pour ma part, reprit le ténor avec la voix grave, je conjure, au nom de tous les innocents qui ont souffert de l'arbitraire du petit juge sous toutes ses formes abjectes, de supprimer le PMJ. Mort au Juge liberticide !

Des applaudissements nourris ponctuèrent ces derniers mots. Le Vicomte observa les hôtes du Château. Il savait avoir affaire à un auditoire beaucoup plus diversifié que dans le passé. Si chacun voulait garder ses privilèges ou même les accentuer, chacun supportait de plus en plus mal les privilèges des autres. Le Château était un repaire de factieux, de comploteurs, d'amis de trente ans qui se poignardaient dans le dos. Personne n'aimait le PMJ, certes, mais chacun se réjouissait quand celui-ci cherchait des noises à un adversaire politique, un concurrent économique, industriel ou financier. La partie n'était donc pas jouée.

— Ainsi le PMJ serait régicide et liberticide ! Il faudrait le supprimer afin que la Justice soit totalement entre nos mains. Il n'y aurait plus de PMJ. Il n'y aurait plus qu'un parquet que nous garderions sous notre contrôle étroit, des avocats qui n'auraient pas les moyens d'assurer la défense des Petits Cochons et une police judiciaire qui resterait sous nos ordres. Un JEL sanctifierait le système pour qu'il soit présentable. Nous aurions effectivement la justice sous notre coupe. La justice dépendrait du Château comme elle dépendait du Roi sous l'Ancien Régime. La Justice nous appartiendrait mais qu'en ferions-nous ? Vous avez beau vivre une vie de Château, vous savez qu'il faut des règles et donc quelqu'un pour les faire respecter, au moins a minima. Vous aimez gagner de l'argent facilement par un délit d'initié bien ficelé mais vous détestez quand c'est votre concurrent qui manipule les cours à vos dépens. Vous savez comment obtenir un marché public avec quelques petites enveloppes bien placées, mais vous ne supportez pas de perdre ce même marché parce que les enveloppes de votre concurrent sont un peu plus épaisses. Au fond, vous avez peur que votre système du « toujours plus » aille trop loin. Vous avez peur des Petits Cochons. Vous voulez toujours votre parachute doré mais vous craignez de vous écraser en l'ouvrant. Vous voulez votre « retraite-chapeau » mais vous tremblez à l'idée que les Petits Cochons pensent que, sans tête, vous n'aurez plus besoin de retraite et encore moins de chapeau. Vous pressentez que nous avons poussé le bouchon, ou plutôt lancé le cochonnet, un peu trop loin, et vous vous en prenez à la justice en général et au PMJ en particulier. Moi, je souhaite une justice indépendante. Je souhaite une limite à notre pouvoir. Je souhaite que quelqu'un puisse nous obliger à respecter les lois que nous avons nous-mêmes votées. Vous direz que je radote, que je vous ressors mes vieilles marottes mais je suis certain que si Bonaparte avait eu en face de lui une justice indépendante, il n'aurait pas osé faire enlever et exécuter le duc d'Enghien. Le PMJ n'est pas le problème. Le problème vient du Château. Il faut chasser les marchands du temple et nous retrouverons le sommeil. Certes, il est plus facile de supprimer le PMJ que de supprimer la corruption. La voix de la facilité, cependant, est rarement la meilleure.

» Et maintenant, je terminerai en quelques mots : à quoi sert le PMJ ? Posez-vous cette question avant de décider de son sort. Le PMJ, c'est la peur du gendarme, même pour les hôtes du Château. Il n'y a que ça qui fonctionne. C'est elle qui nous fait ralentir à l'approche du radar fixe. C'est elle qui peut retenir le corrupteur et dissuader le corrompu par cette seule question : ne vais-je pas tout perdre en voulant tout avoir ?

Un grand silence accueillit la fin de la plaidoirie. Puis un journaliste accrédité murmura à l'oreille d'un confrère : « Sans compter que si le PMJ est supprimé, on va s'emmerder. » Il fut procédé aux opérations de vote dans le recueillement. L'instant était grave. Bien sûr, les lois étaient formellement votées au Parlement mais en réalité une loi votée par le Château en Assemblée générale s'imposait aux élus de la Nation.

Dix minutes plus tard, le Patron annonça les résultats :

— Sur la question de la suppression du PMJ : 253 voix pour et 253 voix contre. Sur la question de l'indépendance de Parquet par rapport au Château : 101 voix pour et 405 voix contre. Le système reste donc tel qu'il est.

— Comment ça, tel qu'il est ! C'est hors de question ! hurla l'avocat court sur pattes. Ce n'est pas possible. Il doit y avoir une erreur. Il faut recompter.

— Il n'y a pas d'erreur. Le vote est électronique et tous les hôtes présents ont voté.

— Ah mais si, mais attendez ! s'écria l'avocat surexcité. Le Vicomte a-t-il voté ?

— Oui, pourquoi n'aurait-il pas voté ? demanda le Patron.

— Parce qu'il n'est pas comme nous.

— C'est-à-dire ?

— Ben, il est immortel. Donc il est mort. Et les morts ne votent pas. Ça nous fait 253 voix pour la suppression et seulement 252 contre.

Dans l'amphithéâtre, la tension était à son comble. Les puissants se regardaient les uns les autres sans trop savoir ce qu'il fallait penser de la remarque de l'avocat. Quelques élus étaient sincèrement surpris : « Comment ça, les morts ne peuvent pas voter ? » Le Patron mit définitivement fin aux débats :

— Le règlement du Château ne fait pas de différence. Tous les hôtes permanents ont le droit de voter. Comme vous le savez, le Château a ses propres règles. C'est d'ailleurs l'une de ses principes caractéristiques par rapport au monde des Petits Cochons.

CHAPITRE TREIZE

Nous, Protecteur du Château, Grand Maître des privilèges, Gardien de l'ordre établi, Serviteur de la tradition immuable, conscient du danger qui menace nos fondations, conseillons et appelons les vénérables hôtes du Château à respecter les principes suivants, seuls aptes à assurer sa pérennité :

1- Limiter l'étalage des richesses à ce qui est supportable pour les manants des maisons de bois et de paille.

2- Proscrire tout rapport avec les organisations criminelles dissimulées dans les maisons de bois.

3- Limiter le plus possible les relations, même diplomatiques, avec les hôtes des Châteaux étrangers qui ne respectent pas les points un et deux susvisés.

4- Payer des impôts : nous insistons particulièrement sur ce dernier point. Les finances du Château se trouvent à peu près dans l'état des finances de l'ancien Château de pierre peu avant sa destruction. La dette publique est colossale, ce qui oblige à demander un effort fiscal de plus en plus important aux manants des maisons de paille et de bois. Or certains hôtes du Château parmi les plus puissants et fortunés parviennent à échapper aux impôts, comme ils échappaient à la taille à la veille de la Grande Catastrophe. Il ne se passe plus un jour sans que le PMJ exhume un compte en Suisse ou dans un quelconque paradis fiscal détenu par un hôte du Château. Pis encore, des Petits Méchants Journalistes, caressant les Petits Cochons dans le sens du poil, multiplient les articles démontrant que nos hôtes les plus riches défiscalisent en toute légalité. La fiction que nous avions entretenue depuis la reconstruction du Château ne dupe plus personne. Les Petits Cochons ne croient plus que les riches paient plus d'impôts que les pauvres. Entre les délocalisations, l'optimisation fiscale, les fraudes en tout genre, ils savent maintenant que la situation est identique à celle d'avant la nuit du 4 août 1789.

5- Faire en sorte que les dissensions, luttes de pouvoir et affrontements inévitables entre certains hôtes du Château, qu'il s'agisse de conquérir un marché ou de gagner des élections, ou pour toute autre cause, demeurent dans des limites raisonnables et qu'en particulier aucun agissement ne donne prétexte au PMJ de souffler encore plus fort sur le Château. Il est arrivé dans le passé qu'un hôte du Château tente de se servir du PMJ contre un concurrent, bien que ce dernier fût lui-même un hôte du Château. Ce comportement est à proscrire. Le linge sale doit se laver impérativement dans la laverie du Château et il est rappelé que le PMJ ne doit jamais pouvoir y entrer, directement ou indirectement.

Le communiqué du Patron, placardé sur tous les murs à l'intérieur du Château, avait été diversement apprécié. Deux clans s'opposaient. D'un côté, il y avait les hôtes qui pensaient, comme le Patron, que la situation devenait dangereuse pour la survie même du Château. De l'autre, il y avait ceux, assurés de leur toute-puissance, qui pensaient n'avoir rien à craindre. Ils estimaient détenir le vrai pouvoir et se demandaient si le Patron était encore légitime. Peut-être le temps était-il venu de se débarrasser de « cette mémoire » inutile qui ressassait sans cesse ses souvenirs de la Grande Catastrophe? Certes, il avait fondé le Château de brique et l'avait maintenu en l'état, mais c'est également lui qui avait construit le Château de pierre et s'était montré incapable d'éviter sa destruction. Dans ces conditions, pouvait-on vraiment lui faire confiance? Il préconisait toujours des solutions médianes, ménageait la chèvre et le chou, alors qu'il fallait montrer sa puissance aux faibles. Le laxisme et la compromission amenaient à la chienlit.

Sa complaisance envers le PMJ était en outre de plus en plus manifeste. Il fallait supprimer le PMJ, comme il fallait supprimer tous ceux qui empêchaient les richesses de circuler librement, les usines d'être fermées ou délocalisées, les parachutes dorés de s'ouvrir et les comptes *off shore* de se refermer sur leurs secrets. Depuis que le monde était monde, il y avait toujours eu les puissants et les autres. Le Patron était bien placé pour le savoir, mais il avait vieilli et n'avait plus l'énergie d'antan. Alors il se laissait séduire par des considérations socialisantes et, pis encore, il rabâchait sans cesse qu'il fallait un minimum de justice pour que les Petits Cochons ne détruisent pas un jour ou l'autre le Château. Toujours sa phobie de la Grande Catastrophe !

Secrètement, les membres les plus déterminés du clan des « ultras » avaient commencé à se réunir pour discuter de la possibilité de se débarrasser du Patron. Celui-ci en avait été cependant averti par l'un de ses espions. Il s'agissait d'un ancien ministre qui avait été socialiste avant de trahir son camp et qui avait ensuite cherché à trahir ses nouveaux amis en faisant allégeance à ses anciens camarades. Comme plus personne ne voulait de lui, il avait offert ses services au Patron.

— Votre communiqué a fait l'effet d'une bombe, Patron. Je connais deux ou trois dirigeants de grosses boîtes qui veulent vous mettre dans une boîte beaucoup plus petite mais très hermétique. Ils ne comprennent pas l'intérêt d'être des hôtes du Château s'il faut payer des impôts et s'il est interdit d'exhiber ses richesses.

— Je vois, répondit le Patron, en observant par l'une des fenêtres les arbres pliés par le souffle du PMJ.

Le Patron ne regardait jamais le traître dans les yeux. Il ne pouvait pas supporter la bassesse de cet être qui avait l'incroyable privilège d'être un hôte du Château. Il s'agissait d'un signe des temps. Certes, dans le passé, il n'avait pas apprécié tous les hôtes. Certains l'avaient profondément dégoûté comme les « moines noirs » et en particulier l'Abbé Suger[1] qui accumulaient les richesses terrestres au nom de Dieu, tandis que ses vrais serviteurs vivaient dans les maisons de paille et revendiquaient leur pauvreté. Pour les Petits Cochons, c'était un Pater deux Ave. Pour l'Abbé Suger, c'était un AVC et deux pâtés en croûte. Le patron, fort heureusement, avait aussi connu des hôtes de classe. Il avait accueilli des mécènes, amoureux des arts, des investisseurs qui donnaient leur chance aux idées innovantes, des bienfaiteurs qui avaient fini par distribuer une grande partie de leur

1. L'Abbé Suger (surnommé « Sugar », « le sucre », 1081-1151) a entassé des richesses fabuleuses à Saint-Denis. Selon lui, rien n'était trop beau pour Dieu.

fortune à des œuvres caritatives. Il en avait connu beaucoup qui, sans se montrer généreux, respectaient en tout cas les Petits Cochons et trouvaient indécent d'étaler leurs richesses.

— Je disais donc, Patron, que certains hôtes vous considèrent comme un *has been*. Ils disent qu'ils savent mieux que vous comment il faut se comporter dans le monde d'aujourd'hui pour consolider le Château de brique. D'ailleurs, ils trouvent que le Château devrait être reconstruit dans un matériau plus noble. Un grand patron est revenu récemment d'un voyage dans le Sultanat de Brunei et il en a rapporté des photos qui en jettent. Évidemment, il les montre à tout le monde. C'est incroyable ! Le Sultan l'a trimballé dans une Mercedes plaquée or. Là-bas, les hôtes du Château estiment qu'il faut en imposer aux Petits Cochons. Et il y a beaucoup de pays comme celui-ci.

— Je sais, je sais, répondit le Patron. Reste à savoir combien de temps ça peut durer.

CHAPITRE QUATORZE

Le docteur Bleuler s'inquiétait pour le PMJ. Il était bien trop tôt pour poser un diagnostic, mais certains traits de personnalité de son patient lui avaient mis la puce à l'oreille. Le problème que rencontrait le docteur Bleuler, c'était sa difficulté à considérer ces symptômes dans l'univers professionnel du PMJ. Pour observer et détecter des distorsions de la réalité, encore fallait-il la connaître. Il y avait en tout cas matière à creuser. Pour cela, le PMJ devait se livrer plus complètement.

Il n'y eut pas de round d'observation. Le docteur demanda à son patient de s'allonger et entra immédiatement dans le vif du sujet.

— J'ai une bonne et une mauvaise nouvelle pour vous. Par laquelle voulez-vous que je commence ?

— J'aurais préféré que vous commenciez par une introduction moins convenue, souligna le PMJ.

Le couplet de la bonne et de la mauvaise nouvelle, c'est vraiment lourd et éculé. Allez droit au but, tout simplement, dans l'ordre qui vous convient.

— Dites-moi, vous êtes d'une humeur de cochon aujourd'hui.

— Oui, de Petit Cochon. Depuis notre dernier rendez-vous, j'ai soufflé jour et nuit contre le Château. Mon boulot, c'est de souffler. Alors à force de souffler en vain, je m'essouffle. Et quand je m'essouffle, j'ai l'impression de ne plus servir à rien. Je suis abattu, démotivé. Du coup, pour me prouver que je sers encore à quelque chose, je vais souffler des maisons de bois et de paille, histoire de vérifier que ça fonctionne encore.

— Je comprends, mais cela fait partie de ce qui m'inquiète chez vous. Vous passez d'un état de surexcitation, d'une surestimation de votre Moi, d'un sentiment de toute-puissance associé à un délire revendicatif et une volonté de changer le monde, un désir de pureté et une volonté presque fanatique pour y parvenir, à un état d'abattement, de découragement, qui s'accompagne d'un repli sur vous-même et d'une grande susceptibilité. Parfois, vous vous prenez pour le chevalier blanc ou Zorro, et parfois pour un petit juge sous-estimé, méprisé, trahi, voire victime d'un vaste complot. Pour jouer franc jeu avec vous, je n'ai jusqu'à présent pas objectivé de troubles schizophréniques. C'est ça la bonne nouvelle. En revanche, certains traits de votre personnalité peuvent être considérés comme des symptômes paranoïaques. Il ne s'agit absolument pas en l'état d'un diagnostic mais d'une piste de travail.

— Si je comprends bien, je suis venu vous voir pour une éventuelle schizophrénie et vous m'annoncez que je suis peut-être parano.

— Non, je n'annonce rien. Je vous dis simplement qu'il faut que nous travaillions cet aspect de votre personnalité.

— On veut ma peau depuis des années. Il y a effectivement de quoi devenir parano. Autour de moi, en Europe et même en Amérique du Sud, j'ai vu plusieurs de mes incarnations être purement et simplement supprimées.

— Il est vrai que vous avez été attaqué, mais il ne faut pas confondre la paranoïa avec un syndrome de stress post-traumatique. C'est sur cela que nous devons travailler. En somme, nous devons rechercher si votre interprétation de la réalité repose sur une vision rationnelle ou si elle est le fruit d'un mécanisme délirant. Le plus important est d'analyser vos difficultés relationnelles. Sans aller jusqu'à parler de sentiment de persécution, avez-vous des doutes sur la loyauté de votre entourage professionnel ?

— À part ma greffière, je doute de tout le monde mais c'est justifié. Ça n'a rien à voir avec des interprétations délirantes.

— Le problème, c'est qu'un paranoïaque est persuadé que sa vision de la réalité est exacte et que ceux qui n'en ont pas la même perception participent au vaste complot contre lui.

— Je vois. C'est rassurant. En fait, je peux être frappa-dingue sans même le savoir.

— C'est le principe.

— Il faut que je vous explique comment ça fonctionne. Imaginez un jeu de société avec des règles floues. La première règle d'un jeu de société, la plus fondamentale, est de savoir à combien on joue et qui joue contre qui. Y a-t-il des équipes ? Combien sont-elles ? Par exemple, prenons le jeu des petits chevaux. Je sais que j'ai les petits chevaux rouges et que les autres petits chevaux sont mes ennemis. C'est simple, c'est carré. Maintenant, prenons un jeu d'équipe, le foot par exemple. L'objectif est connu de tous. Il faut marquer contre l'équipe adverse. Imaginez que tous les membres de la même équipe n'aient pas le même objectif. Certains veulent gagner, d'autres ne le veulent pas. Mais vous ne savez pas qui joue le jeu et qui ne le joue pas.

— D'où le sentiment de méfiance, d'insécurité et la tendance à mettre en place un mécanisme d'interprétation qui s'éloigne de la réalité.

— Oui, ou tout simplement le désir de ne pas être pris pour un con.

— Si vous pouviez être plus clair, nous avancerions plus vite. J'aime bien vos allégories footballistiques mais elles ont leurs limites.

— Vous allez comprendre. Je travaille principalement avec la police judiciaire et le parquet. La plupart du temps, nous soufflons de concert et en bonne intelligence sur les maisons de paille et même sur les maisons de bois. On rigole bien… Sauf quand on a soufflé par erreur une maison et que l'on veut faire croire que j'en suis le seul responsable. Pour le coup, je redeviens le souffleur en chef. Quand il s'agit du Château, tout est plus compliqué. Le supérieur hiérarchique de la police judiciaire et celui du procureur vivent au Château. Pendant longtemps, ça n'a pas posé problème puisque je ne soufflais jamais dessus. Je ne m'étais pas encore muté en PMJ.

— Parlez-moi d'abord de vos rapports avec la police judiciaire.

— Quand une information judiciaire est ouverte, la police judiciaire doit exécuter mes directives et déférer à mes réquisitions. Concrètement, je saisis un service par un document nommé « commission rogatoire » et, en qualité de directeur de l'enquête, je décide de ce qui doit être fait. Mais ce n'est jamais que la loi… et ce n'est pas toujours suffisant. Car la police judiciaire, comme je vous l'ai dit, dépend hiérarchiquement du Château. Inutile de dire que, si l'enquête concerne l'un de ses hôtes, il a tout lieu de craindre que les policiers fassent semblant de souffler avec moi. Après, vous direz que c'est moi qui ai un problème de fractionnement! Comme si le policier, placé devant un choix cornélien entre respect de la loi et obéissance à son supérieur, n'avait pas de souci à se faire pour l'état de son psychisme. Cette situation délétère a atteint un point d'orgue en 1996. À l'époque, j'avais le vent en poupe. Je soufflais comme Éole. En juin 1996, dans une histoire d'HLM débutée en 1994, j'avais décidé de faire une perquisition au domicile du Maire de Paris. Ce n'était pas une perquisition au Château mais c'était tout comme. Le domicile du Maire était une annexe du Château. J'avais donné rendez-vous aux enquêteurs sans leur dire ce que je comptais faire.

— Vous vous méfiiez donc?

— Oui, ce n'était pas de la défiance, mais certainement de la prudence.

— Justifiée?

— Les chefs de service informent leur hiérarchie de leur activité. Si j'avais indiqué aux enquêteurs le lieu de la perquisition à l'avance, le ministère de l'Intérieur en aurait été informé, puis le cabinet du Premier ministre, puis la Présidence et, j'en étais certain, le Maire visé par la perquisition. Étais-je parano? Voyais-je le mal partout? Ce jour là, en tout cas, le vernis a craqué. Le directeur de la police judiciaire, informé par son subordonné, a interdit aux policiers qui m'accompagnaient de pénétrer dans le domicile du Maire. Ils sont restés devant l'entrée et j'ai dû me taper tout le travail avec ma greffière. Ils étaient très embêtés et n'ont même pas eu le courage d'aller boire une bière en m'attendant. Ils ont bien essayé de plaisanter un peu – les escaliers étaient trop rudes, on a le souffle coupé –, mais le cœur n'y était pas. C'était une affaire exemplaire, inédite, car il y a des moyens moins voyants de traîner des pieds. La plupart du temps, quand le Château ne veut pas qu'une enquête progresse, la haute hiérarchie policière se contente d'arguer d'un manque d'effectifs. Il m'est arrivé de devoir souffler tout seul sur le Château, mais généralement, les apparences étaient sauves. Je bénéficiais de l'aide d'un ou deux policiers au souffle court, parfois tuberculeux, qui en tout cas auraient été incapables de jouer de la cornemuse au festival interceltique d'Edimbourg ou de Lorient… Tout au plus arrivaient-ils à jouer du pipeau, et encore, sans grande conviction. Parfois, à ma grande surprise, des policiers qui avaient habituellement du coffre se mettaient à toussoter lamentablement, arguant d'une angine de poitrine.

— Ne serait-il pas envisageable de rattacher certains services de police judiciaire spécialisés à la Justice ? Ça réglerait le problème.

— Oui, c'est le cas en Italie et cela a permis les opérations mains propres. En France, les oppositions à un tel projet sont nombreuses. À commencer par les policiers de terrain qui ont peur de faire des carrières au rabais s'ils dépendent d'un petit ministère justicier. Les commissaires de police ne veulent absolument pas entendre parler d'une réforme qui signifierait leur disparition des services de police judiciaire puisqu'ils ne serviraient plus à grand-chose. Quant aux hôtes du Château, ils perdraient leur meilleure carte. Il n'empêche que cette histoire de juin 1996 a laissé des traces. Par la suite, j'ai pris l'habitude à Nanterre, à Paris, à Bordeaux ou à Rennes, de ne même plus solliciter un service de police pour accomplir certaines investigations sensibles. Je me souviens en particulier d'une perquisition tout en haut de la Préfecture des Hauts-de-Seine, cette tour de dix-neuf étages qui écrase le Palais de justice, construit juste à côté avec ses modestes quatre étages amiantés, comme si l'architecte avait voulu reproduire la soumission de la justice au pouvoir exécutif. Ne voulant plus faire de cachotteries à mes enquêteurs, j'avais décidé, au lieu de leur cacher mes objectifs réels, de faire la perquisition avec ma seule greffière. Comme cela, j'évitais les fuites d'informations et je ménageais les susceptibilités. J'ai utilisé à plusieurs reprises la méthode du *Poor lonesome little bad judge*, mais je me souviendrai toujours de cette perquisition en haut de la Préfecture.

» Comme je devais saisir des dossiers, ma greffière et moi avions emporté une perceuse, des forets, une planche en bois et un chauffe-cire électrique[1]. Sauf que le PMJ et sa greffière qui se présentent, sans aucun policier, au portique de sécurité d'une Préfecture, avec une perceuse et des forets, ça ne passe pas inaperçu. Il est très instructif de constater à quel point vous passez n'importe où quand vous êtes accompagné d'un service de police et à quel point les choses se compliquent quand ce n'est pas le cas.

— C'est pour quoi faire, cette perceuse ? me demanda le policier de garde à l'entrée de la Préfecture.

— C'est pour une perquisition. Je suis le PMJ.

— Avec qui avez-vous rendez-vous ?

— Avec personne. C'est le principe de la perquisition. Je ne préviens pas.

---

1. La manière la plus rapide de constituer un scellé de documents est de mettre ces derniers dans un ou plusieurs cartons de déménagement et de les fermer. C'est ce qu'on appelle un scellé fermé. Mais la loi interdit au juge d'ouvrir un scellé fermé hors la présence de la personne perquisitionnée. Pour consulter et exploiter les documents saisis, il doit la convoquer à son bureau et procéder en sa présence à l'ouverture des scellés. L'étude de documents compliqués demande plusieurs heures, implique de faire des recherches, des recoupements, toutes choses qui ne peuvent pas être faites efficacement et dans la sérénité à l'occasion d'une audition ou d'un interrogatoire. C'est pourquoi les juges privilégient le scellé ouvert qui permet de consulter les documents saisis sans avoir à le briser. Mais, pour le constituer, il faut percer les documents à une extrémité pour faire passer une ficelle, puis la placer au dos du carton de scellé et déverser la cire chaude juste dessus, avant d'appliquer la Marianne. Quand la masse de documents est importante, il est impossible de constituer un scellé ouvert par document. Il faudrait rester sur place deux ou trois jours. D'où l'idée de faire des gros tas de documents et d'utiliser une perceuse pour percer d'un coup le tas ainsi constitué.

— Dans ce cas, présentez-vous à l'accueil du premier étage. Mais vous devez laisser votre perceuse.

— Ah non, je ne peux pas. C'est mon outil de travail.

» Et me voici tentant d'expliquer à quoi sert une perceuse dans le dur métier de PMJ, puis faisant le pied de grue en attendant que les coups de téléphone nécessaires soient passés. Finalement, nous avons été autorisés à rejoindre les bureaux du service concerné. Les dossiers qui m'intéressaient étaient volumineux. La planche en bois que nous avions emportée servait à ne pas transpercer le plancher quand on perçait les liasses de documents. Malheureusement, avec ma fougue de PMJ, la planche de bois trop tendre ne résista pas à la perceuse et je me retrouvai plié en deux, avec une perceuse qui avait perforé une liasse de documents de vingt centimètres, une planche en bois et le parquet de la Préfecture. Je parvins à retirer le foret avec difficulté sous le regard désapprobateur du chef de service. Pourtant, le plus dur restait à faire. La prise électrique de notre appareil chauffe-cire n'était pas compatible avec les prises électriques de la Préfecture. Nous avons dû chauffer la cire au briquet en nous brûlant les doigts une fois sur deux. Finalement, nous avons quitté la Préfecture en y laissant des trous, des taches de cire et une image d'un PMJ peu doué pour le bricolage, muni d'un matériel obsolète. Ce fut un grand moment de solitude institutionnelle.

— La solitude peut conduire à la déprime. Elle peut aussi accentuer un délire paranoïaque, souligna le docteur. Et il n'y a pas pire dans l'hypothèse d'une maniaco-dépression. Or je n'exclus pas des tendances bipolaires en ce qui vous concerne.

— Bipolaire, rien que ça… Me voilà habillé pour l'hiver. Vous me prenez pour Carrie Mathison ? Décidément, docteur, je préfère quand vous vous contentez de m'écouter au lieu de me balancer le diagnostic à la mode.

» L'habitude de mener des actes d'instruction en solitaire, et en particulier les perquisitions, s'est développée surtout dans les années 1990. À la même époque et pour les mêmes raisons, mes relations avec le parquet se sont tendues. Il n'y avait rien de personnel mais, tout comme la police judiciaire, les procureurs font des rapports à leur hiérarchie, les fameux rapports d'affaires signalées. Les procureurs généraux, auxquels les rapports des procureurs sont adressés, font eux-mêmes des rapports à la Chancellerie. Le pouvoir exécutif est donc informé du détail des affaires individuelles sensibles. Si un hôte du Château est dans le collimateur, je peux craindre des fuites.

» C'est pourquoi une autre pratique s'est instaurée, celle du moteur qui chauffe. La loi m'oblige à prévenir le procureur de mes déplacements. Je dois lui faire signer un avis de transport et il peut demander à m'accompagner. Pour éviter une remontée de l'information trop rapide jusqu'à la Chancellerie, j'avais pris l'habitude, dans les cas les plus sensibles, de ne notifier l'avis au procureur qu'au dernier moment. Parfois, le moteur de mon véhicule tournait déjà quand mon greffier apportait le document au parquet. Il est arrivé une ou deux fois que le procureur soit très réactif et saute prestement dans un véhicule de service pour tenter de me rattraper, mais la plupart du temps j'avais pris trop d'avance. De plus, à cette époque, les véhicules de services alloués aux tribunaux démarraient rarement du premier coup.

— Je n'imaginais pas que vos rapports avec le parquet puissent être aussi conflictuels.

— C'est le système qui est conçu comme cela. Et beaucoup de procureurs le regrettent autant que moi. Je me dois de souligner qu'à plusieurs reprises ce sont les collègues du parquet qui ont bravé l'interdit et m'ont donné un coup de pouce.

» Je me souviens d'un substitut du procureur qui avait accepté de me délivrer un réquisitoire supplétif indispensable sans prévenir son procureur[1]. Il savait

1. Au début de l'information judiciaire, le juge d'instruction est saisi de faits précis par ce qu'on appelle un réquisitoire introductif du procureur ou par une plainte avec constitution de partie civile d'une victime de l'infraction dénoncée. Il ne peut pas se saisir lui-même. Or, il arrive que des faits nouveaux dont il n'est pas saisi apparaissent au cours de l'enquête. C'est notamment le cas lorsqu'au cours d'une perquisition il découvre des objets ou des documents qui démontrent l'existence d'une autre

que s'il le prévenait, le procureur en interdirait la délivrance. C'était au début des années 1990 dans un dossier de financement d'un parti politique. À bien y réfléchir, mais je pense vous l'avoir déjà dit, c'est à cette époque que ma mutation en PMJ a eu lieu. Jamais le Château n'était tombé si bas. Jamais autant de forces ne s'étaient liguées contre moi. C'était logique. La situation était toute nouvelle. Les cadors découvraient avec horreur le PMJ. Pourtant, ils pensaient avoir tout verrouillé. N'avaient-ils pas voté une loi d'amnistie, le 22 décembre 1989, des infractions en lien avec le financement des partis politiques et des campagnes électorales commises avant le 15 juin 1989 en promettant que dorénavant ils respecteraient la loi ? Certes, les infractions commises dans un intérêt personnel n'étaient pas concernées par ce texte, mais n'y a-t-il pas un intérêt personnel à se faire élire ?

» Ce fut dans ce contexte que le dimanche 7 avril 1991, dans le cadre d'un dossier qui démontrait à quel point les marchés publics servaient de vache à

---

infraction. Généralement, ces nouveaux faits présentent des liens avec les faits initiaux. Le juge enquête sur un abus de biens sociaux et en découvre un autre. Ou bien les faits initiaux portent sur une corruption dans un marché public précis et il se rend compte que plusieurs marchés publics passés par la même personne sont suspects. Face à une telle situation, il ne peut pas enquêter sur les faits nouveaux sans être saisi supplétivement. La délivrance d'un réquisitoire supplétif est donc une nécessité pour que l'information judiciaire prospère. Mais si ça sent mauvais pour des hôtes du Château, il n'est pas évident que le procureur délivre ce fameux supplétif.

lait au financement illégal du parti concerné, je partis en urgence effectuer une perquisition dans les locaux d'un bureau d'études parisien au centre de la magouille. J'étais donc légalement saisi par le réquisitoire supplétif de mon collègue substitut. Tandis que je fouillais méthodiquement les locaux de ce bureau d'études, la résistance s'organisait. Et elle fut terrible. Le garde des Sceaux à champagne du Château[1], le procureur et même la présidente de mon propre Tribunal complotèrent contre moi. Je fus dessaisi par cette présidente dans la précipitation. J'appris la nouvelle à la sortie de la perquisition. Mais celle-ci avait tout de même eu lieu. La justice était passée malgré les efforts contraires de l'institution judiciaire. Le ministre de la Justice, qui avait la particularité d'avoir été le trésorier du parti concerné pour la campagne présidentielle de 1988, qualifia d'« équipée sauvage » ma perquisition tandis que le ministre délégué à la Justice parla de « cambriolage judiciaire ». Rien que ça! Pas de chance pour eux, la Chambre de l'instruction puis la Cour de cassation validèrent ce prétendu « cambriolage judiciaire ». Un substitut du procureur peut délivrer un réquisitoire sans l'aval de son procureur. Sinon, la machine parquetière ne pourrait pas tourner. Et puis un substitut est un magistrat, pas un secrétaire.

1. Expression très utilisée à l'époque dans les couloirs des Palais de justice.

— Y aurait-il de Petits Méchants Procureurs ?

— Bien sûr, car les collègues du parquet veulent aussi que la justice passe. Quand ils le peuvent, à l'instar de certains policiers, ils sortent les nuits sans lune pour venir souffler sur le Château avec moi. Mais c'est très risqué. Ils sont subordonnés au procureur de la République. Ils agissent en son nom et risquent des poursuites disciplinaires s'ils ne lui obéissent pas.

— Même si c'est pour faire appliquer la loi ?

— Évidemment. Comme pour la police judiciaire, il y a la loi d'un côté et l'obéissance à la hiérarchie de l'autre. Un procureur de la République n'est pas censé, selon la loi, recevoir l'ordre de classer une affaire. Mais personne n'est dupe et le procureur sait ce qui plaira au Château. Il peut donc agir à la satisfaction des puissants sans avoir besoin d'un ordre.

— Ne serait-il pas possible d'obliger les procureurs à poursuivre toutes les infractions constituées ?

— Certes, c'est ce que l'on appelle le système de légalité des poursuites. Contrairement au système d'opportunité de poursuites, un procureur ne peut théoriquement pas classer une infraction constituée par pure opportunité. Le système de légalité des poursuites existe par exemple en Italie. Cependant, il suffit au procureur de prétendre que l'infraction n'est pas suffisamment caractérisée. Les affaires qui concernent des hôtes du Château sont généralement compliquées et, avec un peu d'imagination, le procureur peut justifier l'abandon des poursuites par un raisonnement juridique.

— Comme pour l'ancien Président de la République et l'histoire des emplois fictifs de la mairie de Paris ?

— Exactement. Ce fut d'ailleurs un cas exemplaire. De mauvaises langues ont prétendu que rarement un procureur avait mis autant d'énergie et de talent à ne pas poursuivre. Il affirma qu'il s'agissait de son opinion personnelle. C'était fort possible mais comme cela tombait vraiment bien, le doute était permis ! Certains magistrats ont la chance d'avoir des opinions personnelles qui correspondent à merveille aux souhaits du Château[1].

— Il n'empêche que l'ancien Président a tout de même été jugé.

— Parce que je n'ai pas suivi les réquisitions de non-lieu du procureur. Si j'avais été supprimé en 2009, il n'y aurait pas eu ce procès. Cette histoire m'en rappelle une autre de l'année 1996 qui est toute à la gloire d'un membre du parquet et qui montre à quel point l'esprit d'indépendance souffle également sur certains membres du ministère public. Cette

1. Il faudra bien un jour ou l'autre lever la suspicion qui s'attache aux décisions du ministère public dans les affaires sensibles en réformant profondément son statut. Il en va de l'unité du corps judiciaire et de l'équilibre psychologique de mes collègues du parquet. Sinon, ce sont bientôt eux que l'on verra, le regard fixe, dans la salle d'attente du docteur Bleuler.

affaire fut appelée par la presse l'opération « S.O.S. Népal ».

— Je suppose qu'il s'agissait d'une opération caritative en faveur des enfants affamés du Népal.

— Hélas non, l'objectif était de sauver la femme d'un homme politique très connu, hôte du Château de longue date.

— Elle était perdue dans l'Himalaya ?

— Pas du tout ! Elle était simplement suspectée d'avoir établi un rapport bidon sur la francophonie facturé 200 000 francs au Conseil général de l'Essonne.

— Quel rapport avec l'Himalaya ?

— Il se trouve que le procureur du Tribunal saisi de cette affaire était en vacances dans l'Himalaya. Il faisait du trekking. Il avait laissé la direction de son parquet à son premier procureur-adjoint qui était censé arroser les plantes en son absence.

» Mais voilà que ce magistrat demande au Service régional de Police judiciaire de Versailles la communication de certains dossiers sensibles, dont celui concernant notre experte en francophonie, dans le but d'ouvrir une information judiciaire. Le chef de la police judiciaire de Versailles a évidemment prévenu le Château. Le premier procureur-adjoint avait de toute façon pris les devants en adressant un rapport au procureur général. Curieusement, la mention finale utilisée habituellement dans les rapports d'affaires signalées – « sauf meilleur avis de votre part, j'envisage de... » – avait été remplacée par une formule plus lapidaire : « J'ai décidé de... » Confronté à tant de détermination de la part du magistrat-kamikaze, le Château en conclut qu'il fallait retrouver d'urgence le seul individu pouvant légalement empêcher la catastrophe.

» La République française affréta donc un hélicoptère qui, aux frais du contribuable, rechercha le procureur. L'idée était de le faire revenir au boulot de toute urgence afin qu'il reprenne la main sur le dossier. Mais l'Himalaya, c'est très grand, et l'on ne trouva pas le procureur. L'information fut donc ouverte et la France entière apprit la façon dont le Château traitait la justice. Pour la petite histoire, j'avais découvert ce fameux rapport de façon incidente, lors de ma perquisition au domicile du Maire de Paris effectuée malgré le refus d'assistance de la police judiciaire.

— C'est une histoire incroyable !

— Et très significative de l'état d'esprit qui régnait alors au Château. De plus, les ministères concernés ont pendant une semaine farouchement nié l'envoi de l'hélicoptère avant que le garde des Sceaux ne finisse par reconnaître la triste réalité.

CHAPITRE QUINZE

Quand ça va mal, ça peut aller encore plus mal. Cette réflexion traversa l'esprit du Patron quand son conseiller vint le réveiller pour lui annoncer qu'un assassinat venait d'être commis dans le gymnase du Château. Il était à peine 6 heures mais, déjà, des clameurs se faisaient entendre. Le Patron s'habilla le plus vite possible et suivit son conseiller. À son arrivée dans le gymnase, une petite foule était pressée autour du cadavre du Directeur du consortium militaro-nucléaire. Le Patron s'attendait à trouver une certaine affluence. Quelle ne fut pas sa surprise, en revanche, de voir qu'Elle aussi était présente. Il remarqua un léger sourire sur ses lèvres et s'approcha, tout en regardant le corps de la victime.

— Toi ici ? lui souffla-t-il à l'oreille.

— Eh oui, je me promenais de bon matin. Parfois, j'ai du mal à dormir. Et j'ai été bien inspirée. Ça m'a permis de profiter du spectacle.

— Spectacle qui te fait apparemment plaisir.

— Qui me réjouit tout à fait. Moi qui pensais qu'il n'y avait plus de justice.

— En tout cas, son assassin ne l'a pas loupé. Un seul tir et un gros trou à la place du cœur.

— Il a toujours eu un trou à la place du cœur, souligna-t-Elle.

Autour du cadavre, la foule devenait de plus en plus compacte, même si deux ou trois argentiers avaient quitté les lieux en arguant qu'ils avaient quelque chose de très urgent à faire. Le Patron ordonna à deux gardes suisses d'emporter le corps et de le caser dans un congélateur de la cuisine. Il lui fallait du temps pour réfléchir à la suite des événements. De retour dans ses appartements, il prit son petit déjeuner dans le silence, puis fit venir son conseiller.

— C'est une catastrophe.

— Ne serait-il pas possible de garder secrète la triste disparition du Directeur du consortium ?

— Aucune chance. À l'heure qu'il est, je suis certain que la presse est déjà au courant et, parmi elle, les Petits Méchants Journalistes.

— Qui aurait intérêt à les prévenir ?

— C'est inévitable. Vous pouvez être certain que des hôtes du Château se sont empressés de vendre leurs actions du consortium, afin d'anticiper la baisse de son cours en bourse que provoquera inévitablement l'annonce de la mort du Directeur. J'ai toujours dit que c'est l'égoïsme et la cupidité qui nous perdront.

— Mais sont-ils pour autant obligés de prévenir la presse ?

— Décidément, vous n'êtes pas bien réveillé ce matin. Je vous ai connu plus percutant. Vendre des actions du consortium n'a aucun intérêt si le cours ne s'effondre pas. Vous vendez quand le cours est au plus haut et vous rachetez vos propres actions et beaucoup d'autres quand le cours est au plus bas. Mais pour que le cours chute, il faut que la nouvelle de l'assassinat du Directeur fasse la une des journaux. Et vous pouvez être certain qu'au moins deux ou trois hôtes du Château ne vont pas résister à la tentation de s'en mettre plein les poches, quelles que soient les conséquences pour le Château.

Le Patron avait raison. Dès 8 h 30, la nouvelle de l'assassinat du Directeur du consortium fit le tour des rédactions. Des émissions spéciales furent programmées. Des équipes de journalistes se mirent en chasse des amis, ennemis, voisins, maîtresses, membres de la famille, jusqu'aux cousins au sixième degré de la victime. Les autres titres de l'actualité furent relégués juste avant la météo. Comme il était impossible de traiter toute l'actualité, le dernier massacre en Syrie passa à la trappe du journal de 20 heures. Il fut même décidé de ne pas diffuser le sujet sur la mort tragique de l'un des chiens de la reine d'Angleterre, un Welsh Corgis aux oreilles et au nez pointus. Au cours d'un débat télévisé particulièrement animé, ce qui devait arriver arriva. L'un des invités posa une question pertinente : « Que fait la Justice ? Qui est chargé de l'enquête ? » À ce moment précis, le Patron comprit que la situation allait se compliquer à vitesse exponentielle et il convoqua une réunion de crise.

Cette fois-ci, tout le monde arriva à l'heure fixée. Le Patron n'y alla pas par quatre chemins.

— Nous n'avons pas le choix. Il va nous falloir autoriser la venue du PMJ dans les murs du Château.

— Vous êtes fou ! hurlèrent plusieurs hôtes de concert.

— Ah oui ? Et comment fait-on ? Circulez, y a rien à voir ? Vous croyez que les Petits Cochons vont accepter qu'il n'y ait pas d'enquête ?

— Ne peut-on pas évoquer un suicide comme on l'a fait pour..., suggéra un ancien ministre avant d'être interrompu brutalement par l'un de ses collègues encore plus ancien.

— Taisez-vous ! Pas de nom !

— La thèse du suicide ne tiendra pas le coup. La balle a pénétré dans le dos à hauteur du cœur. De plus, il n'y avait aucune arme à proximité de la victime, souligna le conseiller du Patron en faisant semblant de ne pas avoir entendu le lapsus suspendu de l'ancien ministre.

— Bon, si l'on admet qu'il s'agit d'un meurtre, n'est-il pas envisageable de faire porter le chapeau à un coupable idéal ? proposa l'ancien ministre.

— Qui ça ? demanda le Patron.

— Le Directeur du consortium militaro-nucléaire représentait tout ce que détestent les terroristes éco-lo-gauchistes. À mon avis, il ne devrait pas être difficile d'accuser l'ultra gauche[1]. Il suffit de construire un bon scénario. Imaginons des ultra gauchistes sortis pour saboter une ligne de chemin de fer et qui, en retournant vers leurs maisons de paille, ont vu de la lumière dans le gymnase du Château. Ils décident d'y pénétrer. Et là, oh surprise, ils se retrouvent nez à nez avec leur ennemi juré. Leur sang ne fait qu'un tour. Ils le butent et s'en vont.

— Sauf que personne ne peut voir, depuis l'extérieur du Château, de la lumière dans le gymnase. Et puis de quelle façon ces ultra gauchistes seraient-ils

1. L'expression « extrême gauche » étant un peu galvaudée, la création du terme « ultra gauche » a permis de marquer les esprits un peu assoupis des Petits Cochons.

entrés dans le Château? insista un ancien grand Patron de la police.

— Je ne sais pas, moi! Il y a des professionnels pour régler ce genre de détails, rétorqua l'ancien ministre.

— De toute façon, cela ne résout pas le problème de la venue du PMJ dans le Château.

— Hors de question! hurlèrent de nouveau la plupart des participants.

— Le procureur de la République ne pourrait-il pas garder cette affaire en préliminaire et nous arrêter quelques ultra gauchistes? insista l'ancien ministre.

— Qu'est-ce que cela changerait? Il sera bien obligé, à la fin de la garde à vue, de les présenter devant le PMJ et de lui refiler le dossier, souligna le conseiller justice du Président.

— Pourquoi cela? demanda l'ancien ministre.

— Parce que c'est la loi, souligna le conseiller justice, un peu énervé.

— C'est bien ce que nous disions lors de la dernière réunion, la loi est mal faite. Il faut supprimer d'urgence le PMJ pour que toutes les enquêtes soient dirigées par le procureur.

— Nous avons déjà voté sur le sujet. Pour l'instant, le PMJ existe et le cadavre dans le congélateur aussi. Toute la presse est déchaînée par cette affaire, insista le Patron.

— De plus, le procureur m'a annoncé qu'il n'avait pas d'autre choix que d'ouvrir une information judiciaire, annonça le conseiller justice à regret. La pression est trop forte. S'il ne donne pas le dossier au PMJ, il sera évident pour tout le monde qu'il a reçu l'ordre du Château d'étouffer l'affaire. Toute la presse sera vent debout et ça va souffler très fort.

— Dans ces conditions, il n'y a pas d'alternative. Je vais autoriser la venue du PMJ dans le Château, trancha le Patron.

— Si vous faites cela, je, vous..., menaça le PDG de la holding militaro-pétrolière en manquant de s'étouffer de rage.

— Je quoi ? demanda le Patron d'une voix ferme.

— C'est vous qui avez fait placarder sur tous les murs du Château l'interdiction formelle d'y faire entrer le PMJ et maintenant vous préconisez l'inverse !

— Je sais, mais je ne peux pas faire autrement. Si nous ne laissons pas le PMJ faire son enquête, cette fois-ci le Château ne résistera pas à la tempête.

La réunion s'acheva dans des éclats de voix et des protestations véhémentes. Il y avait de l'insurrection dans l'air. Jamais une décision du Patron n'avait été aussi ouvertement contestée. Ce dernier devait cependant admettre qu'il s'apprêtait à bafouer l'une de ses règles d'or. Quand il se retrouva enfin seul avec son conseiller, il n'était plus certain d'avoir fait le bon choix. De plus, il avait peur qu'Elle ne soit pour quelque chose dans l'assassinat du Directeur.

— Je sais à quoi vous pensez, lui dit son conseiller d'une voix douce. Mais rassurez-vous, ce n'est pas Elle.

— Comment le savez-vous ?

— Vous m'aviez demandé d'engager un détective privé sans lien avec les hôtes du Château. Ça n'a pas été facile mais j'ai trouvé la perle rare à Montréal. C'est un ancien des services de renseignement canadiens. Il a commencé son travail il y a une semaine. Il peut vous faire son premier rapport tout de suite si vous voulez. Ça en vaut la peine.

Le détective québécois entra dans le bureau du Patron. Il ressemblait curieusement à Robert Charlebois. Le Patron lui souhaita la bienvenue et lui donna la parole.

— Salut, Chef. À c't'heure je connais déjà le crotté à calotte qui a dessoudé le Président. C'est du heavy. J'ai suivi les nonos jusqu'au Château c'te nuit. Ce sont deux zoulous du cartel. C'est le PDG de la holding qui leur a ouvert les portes du block. Moi j'avais parqué mon bicycle à gaz dans un spot sécuritaire. J'ai checké un peu. J'ai entendu un boum et je les ai vus ressortir. Ils ont repris leur char et pesé sur le gaz. J'ai embrayé aussi mais ils coursaient en maudit. J'ai dû lâcher prise pour pas me faire pogner.

— Bon, ça a le mérite d'être clair. Continuez comme ça, c'est très bien.

— En plus, j'ai tout en Kodak. Maintenant, si vous permettez, ma blonde m'attend et je suis complètement poqué. Faut que je reparte à Montréal dans un grand Boing bleu de mer.

CHAPITRE SEIZE

La décision du Patron d'autoriser le PMJ à entrer dans le Château constituait, pour le clan des ultras, une déclaration de guerre. Jamais le PMJ n'avait franchi les murs de la citadelle des privilèges. Tant de secrets y étaient préservés ! La réaction ne se fit pas attendre. Pendant la nuit qui suivit l'annonce de ce prochain sacrilège, des escadrons d'agents de renseignement écumèrent le Château à la recherche du moindre document à tamponner. Tout devait être classifié. Ils avaient pour consigne d'apposer le bandeau rouge imprimé « Confidentiel défense » ou « Secret défense » sur le moindre bout de papier. Au matin, lorsque le Patron pénétra dans son bureau, il eut un choc. Les coups de tampon rouge n'avaient pas épargné ses propres documents. Comment avait-on osé fouiller son bureau et apposer ces mentions ridicules à tort et à travers sur la moindre page un peu noircie ? Lui faire ça à lui, le Patron, fondateur et protecteur du Château ? Et qui avait pu donner un ordre pareil ? Il demanda à son conseiller d'aller chercher immédiatement le chef de la Direction générale de la sécurité intérieure. Puis il tenta d'évaluer les dégâts. Ces sagouins n'y étaient pas allés de main morte. Quand le chef de la Direction générale de la sécurité intérieure fit son apparition, le Patron était accablé. Il lui tendit un livre finement relié en lui disant, avec des trémolos de rage à peine contenue :

— Vous savez ce que c'est ?

— Oui, Patron, c'est un livre ancien.

— Il s'agit plus précisément de mon exemplaire dédicacé par François-René des *Mémoires d'outre-tombe*. Pourriez-vous me lire la dédicace, s'il vous plaît ?

— Ben, c'est-à-dire que je peux lire le début : « Au Patron, avec toute ma... ». Après je ne peux pas.

— Non, vous ne pouvez pas. Et vous ne pouvez pas parce qu'il y a cette saloperie de mention « Confidentiel défense » apposée en plein dessus ! Vous vous rendez compte ! Vous croyez que c'est facile de se faire dédicacer un ouvrage posthume par son auteur ? Comment vos sbires ont-ils osé faire une chose pareille ?

— Mes hommes ne sont pas forcément responsables. Nous étions tous de corvée cette nuit. Outre la DGSI, il y avait la Direction générale de la sécurité extérieure, la Direction du renseignement militaire et la Direction de la protection de la sécurité de la défense. Il y avait même des individus tout en noir que personne ne connaissait et qui n'appartenaient à aucun service répertorié.

— Venez avec moi, ordonna le Patron dont la colère n'était pas retombée. Là, qu'est-ce que vous voyez ?

— Ben, ce sont les toilettes de votre bureau.

— Exact ! Était-il vraiment nécessaire de classifier les rouleaux de papier hygiénique ?

— C'est sûrement la DGSE. Jamais mes hommes n'auraient fait un truc pareil ! Je suis quasi certain que les agents de la DGSE ont dû confondre ces rouleaux de papier toilette avec des rouleaux de parchemin.

— Qui a ordonné une razzia pareille ?

— Désolé, Patron, je ne peux pas vous le dire.

— Comment ça, vous ne pouvez pas me le dire ?

— Je ne peux pas vous le dire parce que c'est une information classifiée « Très secret Défense ». Vous n'êtes pas habilité à ce niveau-là.

— Non, mais je rêve. Depuis quand ai-je besoin d'une habilitation ?

Le Patron, soudain très las, congédia le chef de la DGSI. Il était maintenant évident que quelque chose de grave se préparait et que la situation n'était plus sous son contrôle. Peut-être était-il allé trop loin en autorisant la venue du PMJ, mais que pouvait-il faire d'autre? De toute façon, il était trop tard pour avoir des regrets. Dans deux heures, le PMJ serait là et il ne pourrait saisir aucun document. Sa perquisition était vouée à l'échec.

Le PMJ était très nerveux. Sa greffière également. Jamais une perquisition n'avait eu lieu au Château et il était impossible de prévoir de quelle façon les choses allaient se dérouler. L'objectif premier était de faire les constatations sur le cadavre puis de l'emporter pour l'autopsie. Il avait demandé au chef de l'Institut médico-légal de venir avec lui pour un premier examen externe sur place. Cet aspect du transport ne devait pas poser problème. La perquisition, c'était autre chose. Le PMJ soupçonnait évidement le PDG de la holding militaro-pétrolière mais ne se faisait guère d'illusions sur ce qu'il pourrait trouver alors que tout le monde était informé de sa venue. Au fond de lui, c'était surtout Elle qu'il espérait trouver. Ah, la revoir! Ne serait-ce qu'un instant. Sa nervosité découlait davantage de cette perspective que du stress de la perquisition elle-même. Et puis, il y avait cette rencontre avec le Patron. Jamais ils ne s'étaient retrouvés face à face. Cela aurait été impensable il y a seulement vingt ans. Comme aurait été inimaginable une perquisition dans le Château! Et pourtant, il était bien là, maintenant, à cent mètres de la grande entrée.

Les journalistes tournaient autour de lui avec leurs caméras et leurs micros. D'habitude, il aimait bien cela. À cet instant précis, il s'en serait passé. Il avait besoin de calme, de recueillement. Il voulait goûter cet instant si particulier. Il venait de si loin. Sa mutation était achevée. La perquisition ne servirait à rien mais elle avait valeur de symbole d'une justice que rien n'arrête. Il prit une grande bouffée d'oxygène, vida ses poumons le plus complètement possible, puis frappa à la grande porte en bois après avoir écarté avec difficulté deux cameramen. La lourde porte s'ouvrit et se referma aussitôt derrière le PMJ, sa greffière et le médecin légiste.

À l'intérieur, dans le vaste hall d'entrée, le silence était impressionnant. Les bruits de l'extérieur n'avaient franchi ni la porte ni les murs. Le Patron, tout de noir vêtu, les tempes grisonnantes et le visage fatigué, se tenait à une trentaine de mètres du PMJ. De chaque côté, une rangée de gardes suisses contenait les hôtes du Château, dont les regards haineux transperçaient le juge, et lui faisait une sorte de corridor de sécurité menant au Patron. Le PMJ marcha lentement, suivi de près par sa greffière et l'expert qui regrettait de ne pas avoir gonflé un peu plus son devis.

— Nous nous rencontrons enfin, dit le Patron, en tendant sa main droite au PMJ. Je savais que ce jour arriverait. Je ne pensais pas qu'il viendrait si vite. C'est votre jour de gloire mais pour moi c'est peut-être…

Le Patron ne finit pas sa phrase. Il préférait ne pas la finir. Inutile de dévoiler au PMJ les luttes intestines au sein du Château.

— Je suis également heureux de faire votre connaissance. Je me permets de vous présenter ma greffière et Monsieur l'expert, répondit le PMJ en serrant la main tendue.

— Par quoi voulez-vous commencer ? demanda le Patron.

— Par le cadavre. Depuis le temps qu'il nous attend !

— Je vous l'ai mis au frais, évidemment. Suivez-moi.

Le Patron les mena aux cuisines et désigna un grand congélateur. De nombreux hôtes s'étaient agglutinés autour des tables de travail et des batteries de casseroles pour venir assister au spectacle. Parmi eux figurait en bonne place le petit avocat qui avait réclamé avec véhémence la mort du PMJ quelques jours auparavant. Le Patron remarqua sa présence avec surprise. Il ne pensait pas que l'avocat veuille assister à ce grand jour pour le PMJ. Il devait y avoir une bonne raison à sa présence. Le Patron ne tarda pas à la découvrir. Le congélateur fut ouvert en grand et la raison s'étala devant ses yeux. Le PMJ eut du mal à contenir sa colère. Le cadavre était bien là mais il était classifié. Sur son front s'étalait ostensiblement en lettres rouge sang la mention « Secret défense ».

— Qu'est-ce que ça veut dire ? Vous tamponnez les cadavres maintenant ?

— Je n'étais pas au courant, monsieur le Juge, répondit calmement le Patron. Cela dit, ça ne m'étonne pas trop, étant donné que cette nuit fut celle des « longs tampons ». Nous avons vécu des instants de classification frénétique en l'honneur de votre venue.

— Ce qui veut dire ?

— Ce qui veut dire que partout où vous irez dans le Château vous ne trouverez que des documents que vous n'avez pas le droit de lire et encore moins de saisir. Croyez bien que je le regrette car j'estime que le coupable de cet assassinat doit être confondu et jugé. Mais il semblerait que je n'aie plus la main.

Le PMJ se demandait s'il pouvait croire le Patron. Quelque chose d'indéfinissable lui disait que oui. Le Patron parlait avec une telle langueur dans la voix. Il n'avait aucune morgue, aucune ironie. Le PMJ était le dindon de la farce mais le Patron n'avait pas l'air de s'en amuser, à la différence de l'avocat court sur pattes qui rayonnait.

— Il n'est pas légalement possible de classifier un cadavre. Alors tampon ou pas tampon, nous allons l'emporter pour l'autopsier, déclara le PMJ.

— C'est hors de question, intervint l'avocat dont le motif de la présence devenait évident. Selon les termes de l'article 413-9 du code pénal, peuvent être classifiés les «procédés, objets, documents et informations».

— Et le cadavre congelé du Directeur du consortium entre dans quelle catégorie? questionna le PMJ.

— C'est indiscutablement un objet. Un être vivant n'est un être vivant que s'il est en vie. Après, c'est un objet, affirma l'avocat en tendant avec assurance et jubilation au PMJ un dossier complet sur la notion d'objet depuis l'époque de Romulus et Remus. En conséquence de quoi, reprit l'avocat, il est tout à fait illégal d'emporter le cadavre ou même de l'examiner sur place. De plus, le timbre respecte scrupuleusement l'Instruction générale interministérielle 1300. Vous pouvez vérifier : la mention «secret défense» est écrite en caractères de 4 mm de hauteur sur 3 mm de largeur. L'épaisseur des lettres et du cadre fait 1,5 mm.

Le PMJ réfléchit. L'avocat avait raison. Le procédé utilisé était ignoble mais la loi était du côté de l'ignominie. La marque rouge sur le front du défunt était bien nette, bien visible. Les lettres avaient la taille réglementaire Ce n'était plus la peine de s'attarder. Le PMJ se tourna vers le Patron :

— Nous allons prendre congé puisque nous ne pouvons pas faire notre travail. Je ne suis pas certain que les Petits Cochons apprécieront la plaisanterie. Et quand je parle de plaisanterie, je pourrais même parler d'un sacré tour de cochon. J'ai bien peur que le vent ne se lève.

— Je déplore cet artifice morbide autant que vous, répondit le Patron.

— Juste… Dires-moi… Comment va-t-Elle ? Pourrais-je la voir avant de partir ? demanda le PMJ qui n'avait pas pu se retenir.

— Non, mais je vous promets que vous la reverrez bientôt, murmura le Patron à l'oreille du PMJ.

De toute façon, je n'ai plus le choix.

CHAPITRE DIX-SEPT

Le souvenir douloureux de la Terreur s'effaçait peu à peu. J'étais encore là, affaibli mais vivant. Et je repris vite du poil de la bête. Le Premier Consul m'apprécia tout de suite. Je correspondais à sa vision du pouvoir. Pour Bonaparte, le pouvoir venait du peuple qui s'en dessaisissait entre les mains d'un homme fort. Le pouvoir ne se partageait pas. Il s'exerçait avec plénitude. Un pays, surtout en guerre, devait avoir un chef. De même, la justice pénale, en période de criminalité galopante, devait être dirigée d'une main de fer. Certes, le Premier Consul ne pouvait pas transformer immédiatement le système. Il y eut une période de transition. Mais dès le début du nouveau siècle, je me sentis renaître.

La loi du 27 janvier 1801 créa pourtant celui qui deviendrait mon principal concurrent. La constitution de l'an VIII (décembre 1799) prévoyait l'instauration d'un ministère public unifié par la suppression de l'accusateur public et la concentration des pouvoirs de poursuite entre les mains du commissaire du gouvernement. La loi de 1801 fit de ce ministère public une vraie machine de guerre au service du pouvoir en créant des substituts établis dans chaque arrondissement sous les ordres du commissaire du gouvernement. Ces substituts étaient localement les chefs de la police judiciaire : les juges de paix, officiers de gendarmerie, maires et adjoints, commissaires de police, gardes champêtres et gardes forestiers disposaient de pouvoirs de police judiciaire mais sous le contrôle étroit des substituts, appelés également « magistrats de sûreté ». Le parquet hiérarchisé, politisé et chargé de diriger la police judiciaire venait de naître. La situation a peu évolué depuis. Quant à moi, je subsistais sous l'appellation révolutionnaire de Directeur du jury. Le jury n'avait plus qu'un rôle accessoire. Il n'entendait plus les témoins et prenait sa décision de mise en accusation sur le seul dossier écrit que je lui présentais. Qui plus est, il n'y avait plus de jury pour les infractions d'atteinte à l'ordre public. Or la notion d'atteinte à l'ordre public était très large. Elle comprenait notamment les assassinats et les vols sur les grandes routes, le vagabondage et les vols avec effraction, le faux monnayage et les incendies volontaires.

» J'étais libre de mener toutes les investigations qui me semblaient utiles, que certaines aient déjà été effectuées par un officier de police judiciaire ou non. Était revenu pour moi le temps des longues chevauchées. L'article 13 de la loi de 1801 prévoyait même la somme qui m'était allouée pour mes déplacements. J'avais droit à quatre francs par jour et mon greffier à trois francs. Cela suffisait pour coucher dans une auberge convenable et faire un repas acceptable, sans excès[1]. Le service était moins sophistiqué qu'au Carlton de Lille mais j'étais tout à mon bonheur de retrouver les grandes routes. Parfois, le substitut du commissaire m'accompagnait. La loi de 1801, de manière générale, m'obligeait à prendre ses réquisitions avant « tout acte de procédure et d'instruction ». Quand j'estimais que l'instruction était terminée, je devais encore prendre ses réquisitions avant de décider le non-lieu, le renvoi devant le tribunal de simple police ou de police correctionnelle, ou le renvoi devant le jury d'accusation pour les infractions les plus graves (excepté celles portant atteinte à l'ordre public).

---

1. La situation a plutôt empiré. Aujourd'hui, j'ai droit à la somme forfaitaire de 48 euros par nuit pour l'hôtel et 15, 25 euros par repas (7,63 euros s'il y a un restaurant administratif dans la ville où je me déplace). Je n'en dirai pas plus car il paraît que je me plains constamment de la misère de la justice. Et puis on trouve de bons hôtels à 48 euros la nuit ! Le seul problème, c'est cette impression acoustique de dormir dans la chambre voisine. Quant aux repas, il est vrai que l'on s'en sort très bien avec un sandwich saucisson sec-cornichons et une bière.

» Le duo directeur du jury/substitut du commissaire du gouvernement était très proche de ce que sera le duo juge d'instruction/substitut du procureur. Dès 1801, on trouvait toutefois cette différence fondamentale, du moins sur le papier. Alors que j'étais en théorie nommé à vie par le Premier Consul selon les termes de la constitution de l'an VIII, l'article 24 de la loi de 1801 disposait : « Le substitut du commissaire près le tribunal criminel est à la nomination de Premier Consul, et révocable à sa volonté. »

» En 1808, Les partisans de la concentration des pouvoirs entre les mains du parquet se firent particulièrement virulents lors des discussions sur ce qui allait devenir le code d'instruction criminelle. Ils souhaitaient que toutes les enquêtes soient confiées au procureur impérial. Quant à moi, je devais disparaître purement et simplement. Je ne dus mon salut qu'à l'énergie de Cambacérès qui souligna à quel point il était dangereux que l'organe chargé des poursuites soit aussi chargé des investigations. Les défenseurs du parquet omnipotent firent la même erreur que celle commise deux siècles plus tard. Ils avaient été trop gourmands et furent accusés de vouloir attenter aux libertés individuelles.

» Je ressortis singulièrement renforcé de ce débat très animé où ma survie avait été menacée. Le 20 avril 1810 vit la naissance officielle du juge d'instruction avec des pouvoirs qui en firent immédiatement, selon l'expression d'Honoré de Balzac, la « colonne soutenant notre droit criminel ». À y regarder de plus près, ma situation n'était pas si idyllique. J'étais nommé par l'Empereur mais sur proposition, de fait, du procureur impérial. La dualité de mes fonctions me plaçait en partie sous la dépendance du parquet. En tant que juge, j'étais soumis à la hiérarchie du siège mais, en tant qu'officier de police judiciaire, j'étais sous la surveillance du procureur général impérial qui procédait à mon évaluation professionnelle. Et puis surtout, c'était le procureur qui décidait à qui était confié un dossier précis.

Ce système, de façon inattendue, perdura jusqu'en 1959 où je fus débarrassé de la tutelle du parquet. Je n'étais plus noté par le procureur et c'est le président du Tribunal qui attribuait, au cas par cas, les dossiers d'instruction.

En 1810, outre la surveillance du parquet, je ne disposais pas de la plénitude de mes pouvoirs juridictionnels. Pour compenser la disparition du jury d'accusation avait été créée une Chambre du conseil à laquelle je devais rendre des comptes et qui prenait la plupart des décisions juridictionnelles. Mais il est vrai que j'étais l'un des trois juges composant cette chambre et que j'étais celui qui instruisait le dossier et le connaissait le mieux. D'où la grande tentation de mes collègues de se ranger systématiquement à mon avis. En 1856, on en vint à la conclusion que la Chambre du conseil ne servait à rien d'autre qu'à valider mes enquêtes et elle fut donc supprimée. Les diverses tentatives de créer une chambre d'instruction chargée de prendre certaines décisions juridictionnelles à ma place, comme par exemple les décisions en matière de détention provisoire, se sont heurtées, tout au long du XIXe siècle et du XXe siècle à un obstacle de taille : payer trois juges ou même deux pour en surveiller un seul dépasse les moyens de la justice française[1].

» Par quel miracle, malgré les changements incessants de régime qui marquèrent le XIXe siècle, ma fonction resta-t-elle quasiment inchangée ?

» C'était une époque où l'on changeait les hommes et non les textes. Chaque changement de régime était accompagné d'une purge, y compris dans la magistrature. Un juge nommé par l'Empereur pouvait difficilement prêter serment, un an plus tard, à la monarchie, puis devenir républicain avant de se sentir de nouveau une fibre impériale. Certains magistrats y

1. En 1856, à la suite de la suppression de la Chambre du conseil, le juge d'instruction devint à lui seul la juridiction d'instruction du premier degré. Au-dessus de lui demeurait et demeure une formation de la Cour d'appel appelée successivement la Chambre des mises en accusation puis la Chambre de l'instruction. Il ne faut pas confondre la collégialité de l'instruction, c'est-à-dire le fait de créer une juridiction de trois juges pour mener les instructions au lieu d'un seul, et la possibilité d'appel de ses décisions qui a toujours existé.

parvinrent cependant. Cela demandait un état d'esprit approprié mais aussi le sens de l'organisation car il n'était pas évident de faire disparaître tous les emblèmes du régime précédent en temps utile. On en trouvait partout, sur les rideaux, le bureau, les tapis ou le papier officiel. C'était pratiquement tout le mobilier qu'il fallait changer, sans oublier le beau presse-papier en forme d'aigle offert par votre épouse ou, selon l'époque, la boîte incrustée de lys bourboniens de la dernière fête des pères.

» Les couleurs avaient aussi leur importance. Le rouge était fortement déconseillé à certaines époques. À d'autres, il était préférable de ne pas porter de vêtements blancs. Sans parler des portraits officiels! L'obligation d'accrocher dans son bureau un portrait du chef de l'État en signe de soumission est venue très tôt dans l'histoire de France. Les peintures ont laissé la place aux photographies encadrées, mais le principe reste le même. Aucune étude sérieuse n'a jamais été menée sur le devenir de tous les portraits officiels mis au rebut. Si l'on considère que chaque mairie, chaque sous-préfecture, chaque préfecture et, d'une manière générale, la plupart des bâtiments officiels, ont droit à leur portrait du Président, le nombre de cadres à décrocher quand le Président ne l'est plus est colossal. Le problème, c'est qu'il faut illico en refaire un pour le nouveau Président. C'est sans fin. Je serais heureux de connaître le coût de l'opération. Soucieux des finances publiques, j'espère du moins que nous avons conservé les portraits officiels de l'ancien Président qui souhaite le redevenir. S'il est réélu, on pourrait faire une sérieuse économie.

» Mais je m'égare un peu, même si la question des symboles fut très importante tout au long du XIXe siècle. J'ai déploré la perte de certaines de mes incarnations qui avaient ressorti un peu trop visiblement, en 1815, les abeilles, les aigles et les bouquets de violettes. Une soumission trop manifeste au pouvoir politique amène des avantages immédiats non négligeables mais un retour de bâton n'est jamais à exclure en cas d'alternance.

» Mis à part ce problème de soumission politique à afficher avec modération, ce fut le calme plat du côté de la législation. Je passai le siècle avec mon greffier, muni des pleins pouvoirs pour faire respecter fermement l'ordre public et, de temps en temps, la justice. Petit à petit, je fis tellement partie des meubles que j'entrai dans la littérature. C'était inévitable car j'étais le personnage central des affaires criminelles. Vers le milieu du siècle, j'eus toutefois une première alerte. Un ami me conseilla la lecture d'un livre d'Honoré de Balzac intitulé *Splendeurs et misères des courtisanes*. Il y parlait de moi. J'en fus tout d'abord honoré (moi aussi), d'autant que mon ami attira mon attention sur un passage tout à ma gloire :

» *Aucune puissance humaine, ni le roi, ni le Garde des sceaux, ni le Premier ministre ne peuvent empiéter sur le pouvoir d'un juge d'instruction. Rien ne l'arrête, rien ne lui commande. C'est un souverain soumis uniquement à sa conscience et à la loi.*

En ce moment où philosophes, philanthropes et publicistes sont incessamment occupés à diminuer tous les pouvoirs sociaux, le droit conféré par nos lois aux juges d'instruction est devenu l'objet d'attaques d'autant plus terribles qu'elles sont presque justifiées par ce droit qui, disons-le, est exorbitant. Néanmoins, pour tout homme sensé, ce pouvoir doit rester sans atteinte ; on peut, dans certains cas, en adoucir l'exercice par un large emploi de la caution ; mais la société, déjà bien ébranlée par l'inintelligence et par la faiblesse du jury (magistrature auguste et suprême qui ne devrait être confiée qu'à des notabilités élues), serait menacée de ruine si l'on brisait cette colonne qui soutient tout notre droit criminel.

» Je buvais du petit-lait en lisant ce passage. J'avais déjà bien apprécié la description que Balzac avait faite de moi, sous le nom de Jean-Jules Popinot, dans son roman *L'Interdiction*. J'y étais dépeint comme un juge d'instruction intègre, pointilleux et compétent dont les qualités mêmes avaient nui à sa carrière. Il était logique que je figure en bonne place dans le spectacle de la *Comédie humaine*. N'étais-je pas, de par mes fonctions, plongé au cœur des passions humaines ?

» Le soir même, je me mis donc à la lecture de *Splendeurs et misères des courtisanes*. Mon sang ne fit qu'un tour. Sous les traits du juge Camusot, Balzac faisait de moi un juge servile, soucieux de sa seule carrière, doué certes pour arracher des aveux mais capable de les oublier tout aussitôt si un puissant le lui demandait. Venant d'apprendre que la personne dont je venais de prouver la culpabilité était protégée par des gens puissants, je me mettais à pleurnicher dans les jupons de ma femme, certain d'avoir déplu au procureur général au point de geler à jamais mes chances d'avancement. En quelques mots terribles, Balzac me crucifiait :

» *Avancer! Voilà le mot terrible, l'idée qui, de nos jours, change le magistrat en fonctionnaire... Les magistrats pensent à se distinguer pour avancer, comme on avance dans l'armée ou l'administration. Cette pensée, si elle n'altère pas l'indépendance du magistrat, est trop connue et trop naturelle. On en voit trop d'effets pour que la magistrature ne perde pas de sa majesté dans l'opinion publique. Le traitement payé par l'état fait du prêtre et du magistrat des employés. Les grades à gagner développent l'ambition, l'ambition engendre une complaisance envers le pouvoir.*

» Tout était dit et je fulminais. Je fulminais parce qu'il avait raison. Certes, cette description assassine s'appliquait à tous les magistrats et pas seulement à moi, mais j'avais une particularité que je traîne encore aujourd'hui. De tous les juges, j'étais et je reste le plus exposé à déplaire. En recherchant la vérité, je prends le risque d'en découvrir une qui ne convient pas au

Château. Alors qu'il suffit aux autres juges de plaire pour avancer, il faut pour ma part que je m'efforce à ne pas déplaire.

» Je me rendis compte pour la première fois que l'Empereur m'avait certes rendu ma force mais au prix de ma soumission. Les régimes qui s'étaient succédé depuis 1810 avaient suivi la même voie, trop heureux de disposer à leur guise d'un embrocheur de Petits Cochons qui soit, pour eux, parfaitement inoffensif. Je compris aussi pour quelle raison Elle s'était détournée de moi. Je n'avais plus d'éclat. Un esclave, ce n'était pas très sexy. En plus, je prenais du ventre et m'embourgeoisais à force de ne plus sortir de mon bureau et de chercher à tout prix à côtoyer les puissants dans les dîners mondains, quitte à ce qu'on y raille l'état de ma redingote. Et mon image de marque ne s'améliora pas au fil du siècle. La peinture que fit de moi Émile Zola dans *La Bête humaine* me rendit presque sympathique le juge Camusot. Nous étions en 1890 et rien n'avait changé. J'étais toujours ce juge élimé aux manches en quête d'avancement. Sous sa plume acerbe, je m'appelai Denizet. Tout aussi prêt aux compromissions que Camusot, j'étais en plus totalement nul. Je croyais tenir un coupable qui n'en était même pas un quand M. Camille-Lamotte, secrétaire général du ministère de la Justice, me fit comprendre que j'avais tout intérêt à prononcer un non-lieu. Que mon coupable ne soit pas le bon ne posait pas de difficulté : c'était la victime de l'assassinat, le président Grandmorin, qui constituait le nœud du problème. Un procès, peu importait l'accusé, aurait mis à jour la fâcheuse tendance du président Grandmorin à violer les petites filles. Or la victime, du fait de son rang élevé, devait rester sans tache. Évidemment, je m'empressai de signer le non-lieu dans l'espoir d'être nommé à Paris.

» Je me revois encore en cette fin de siècle, devant ma petite cheminée, refermer *La Bête humaine* en me demandant si Cambacérès avait eu raison de me sauver la mise. Je rêvais d'être un héros, discret peut-être, mais un héros tout de même, et deux des plus grands romanciers français me décrivaient comme un juge gris aux yeux sales.

» Je me suis endormi profondément, et à mon réveil il y eut le scandale des scandales : Panama et son canal, ce gouffre sans fond, cette bonne aubaine, la République chancelante. Elle n'en était qu'à ses débuts, cette République tant attendue, et elle nous jouait déjà Winnie l'ourson pris en flagrant délit, les doigts dans le pot de miel. La Compagnie universelle du canal interocéanique de Panama fit appel à une souscription publique pour financer son projet pharaonien mais à force de distribuer des pots-de-vin, en particulier aux décideurs politiques, l'argent vint à manquer et elle fit faillite. Plus tard il y aurait les emprunts russes, l'affaire Stavisky, celle de la Garantie foncière, les avions renifleurs, les écoutes de l'Élysée, le Carrefour du développement, les ventes d'armes à l'Angola, les frégates de Taïwan et Karachi[1]. Mais pour l'heure, en cette fin de siècle, il y avait ces épargnants trahis par des mirages boursiers, ces petits-bourgeois ruinés qui apprenaient que leurs élus avaient su profiter de la débâcle de Panama, tout en l'aggravant. La crise fut terrible. L'homme au cœur du scandale, le baron de Reinach, fut retrouvé mort en novembre 1892. Une commission d'enquête fut créée, bien entendu. Cela valait mieux qu'une véritable enquête. Néanmoins, quelque chose avait changé. La pression de l'opinion publique était trop forte. Les victimes étaient les soutiens de la République au berceau, la petite-bourgeoisie boursière. L'inaction était impossible. C'est pourquoi l'on m'offrit une proie en sacrifice, le ministre des Travaux publics. Toute cette histoire n'était-elle pas une histoire de travaux publics ? Charles Baïhaut, tel était le nom du sacrifié, devait payer pour tous les autres. Ce n'était pas un Cochon suffisamment dodu et les petits épargnants réclamèrent plus encore. Je n'étais censé faire mes crocs que sur le Baïhaut mais bientôt on m'accorda quelques têtes supplémentaires. Je fus

1. Pour ne citer que quelques affaires, car ce n'est pas ce qui manque. J'espère ne pas faire trop de jaloux.

relativement libre de mener mon instruction car plus personne ne se sentait la force d'arrêter la machine.

» En mars 1893, quelques députés goûtèrent à la Cour d'assises. La crise était à son comble lorsque survint l'événement salvateur qui fit oublier les indélicatesses de nos parlementaires : le 9 décembre 1893, Auguste Vaillant lança un engin explosif en plein milieu de la Chambre des députés. Les escrocs devinrent des victimes. La République était sauvée. Nombreux furent les magistrats, sur l'île de la Cité, à s'interroger sur ce cadeau du ciel.

» L'attentat de Vaillant ne pouvait mieux tomber. Dès le 11 décembre, le président du Conseil présenta une batterie de projets de lois d'une efficacité considérable, aussitôt qualifiés par l'opposition socialiste de « lois scélérates ». Il y eut ainsi la loi réprimant la provocation aux crimes contre la sûreté de l'État, ainsi que leur apologie. L'objectif était de pouvoir arrêter et emprisonner les auteurs de discours ou d'écrits séditieux. Il y eut surtout la loi créant l'infraction d'association de malfaiteurs. Elle visait la répression de la simple entente en vue de « préparer ou de commettre des attentats contre les personnes ou les propriétés ». C'était du cousu main. Avec des lois pareilles, les anarchistes n'avaient qu'à bien se tenir. Évidemment, les dizaines d'arrestations qui suivirent la promulgation de ces lois me donnèrent un surcroît de travail. Mais, plus que la quantité, ce fut la qualité des procédures qui me posa problème. Pour la première fois, je devais instruire sur des faits envisagés et non encore commis ou tentés. J'entrais dans l'ère de la prévention, propice aux abus et débordements. Avant le vote de ces lois qui métamorphosaient notre droit pénal, j'avais déjà eu affaire aux anarchistes et en particulier au pire d'entre eux, l'abominable Ravachol, capable de déterrer une comtesse pour lui dérober ses bijoux mortuaires ou d'étrangler un vieillard de quatre-vingt-treize ans pour le dépouiller, tout en parvenant à se faire passer pour un héros du mouvement anarchiste[1].

» Auguste Vaillant, c'était tout autre chose, un petit délinquant sympathique vivant dans la misère, incapable de subvenir aux besoins de sa jeune épouse et de sa jolie petite fille Sidonie. Auguste Vaillant ne me dira jamais toute la vérité parce qu'il ne l'a jamais sue. Je ne crus pas qu'il avait lui-même construit cette bombe de pacotille faite pour ne tuer personne. Je n'ai pas beaucoup insisté. Je pressentais qu'il valait mieux ne pas fouiller. Mais le mouvement anarchiste n'était pas de ceux que l'on manipule si aisément. Il était fait d'électrons libres mus par la haine du bourgeois. Les anarchistes n'obéissaient à personne. S'ils préféraient

1. Ravachol me soutint en interrogatoire avoir commis ces vols en partie pour assurer sa subsistance et en partie pour la cause. Quand aujourd'hui un terroriste islamiste prétend qu'il a le droit de voler les mécréants si une partie de l'argent est employée pour la grandeur d'Allah, je repense à Ravachol qui, au moins, ne faisait pas de Dieu son complice.

les actes isolés aux grandes manœuvres terroristes, c'est parce que l'idée de se doter d'un chef était contraire à leurs principes et que dès lors il leur était impossible de mettre en place des groupes structurés. Ce fut notre chance car sans cela, avec leur détermination sans faille, ils auraient mis la République à genoux. Sans ce handicap majeur que les anarchistes s'étaient eux-mêmes imposé, nos manipulations, nos stratégies et nos lois d'exception n'auraient pas suffi.

» J'en retins ma première leçon à l'école balbutiante de l'antiterrorisme : de Vailllant à Ben Laden, le contrôle des mouvements terroristes est un art difficile. On attise la haine, on souffle sur les braises et on s'étonne ensuite que le feu prenne si facilement. Car le feu se propagea vite, comme vingt mille étincelles qui s'échappent du craquement d'un bois trop sec. Sur les cendres mal éteintes du scandale de Panama, le mouvement anarchiste prospéra. Si l'opinion publique fut émue des égratignures des élus du Palais-Bourbon, les anarchistes furent encouragés par un geste aussi symbolique qu'inutile. La beauté du geste devint une composante de la propagande par le fait… jusqu'à Émile Henry.

» Avec Émile Henry, cessa la beauté du geste. Il n'y eut plus que la terreur aveugle, sans doute pour la première fois. Pour moi, en tout cas, c'était la première fois. J'avais connu tant de crimes que je pensais ne plus jamais être surpris. Les premiers attentats anarchistes m'avaient bien sûr troublé. Des criminels d'une autre espèce étaient nés. Ils ne tuaient pas par esprit de lucre, par envie ou bassesse, mais pour des idées. Et pour ces idées ils étaient prêts à mourir. Ravachol m'avait expliqué et, dans une certaine mesure, j'avais compris. Les anarchistes voulaient détruire la société et s'en prenaient aux tenants ou, à défaut, aux symboles du pouvoir. La justice était en première ligne. Ravachol avait ciblé mes collègues, le président Benoît et l'avocat général Bulot, qui avaient eu le tort de condamner un peu lourdement des anarchistes un an plus tôt. Selon lui, les magistrats étaient les principaux instruments du régime oppresseur. La démarche d'Auguste Vaillant fut encore plus limpide que celle de Ravachol. La façon dont il avait pu perpétrer son crime, alors qu'il faisait l'objet d'une surveillance constante et alors même que la Sûreté générale était informée des projets d'attentats contre le Palais-Bourbon, resta en revanche sans réponse[1].

1. La naissance du terrorisme vit la naissance de son contrepoint, la manipulation policière. C'était sans doute de bonne guerre mais je n'y étais pas habitué. La police joua la carte, dès les débuts du mouvement anarchiste, de l'infiltration. Et pour cause, dans les réunions anarchistes, tout le monde était le bienvenu. Il n'y avait aucun contrôle et aucun chef qui puisse s'inquiéter du profil du nouveau venu. C'est ainsi que l'un des tout premiers attentats anarchistes, en 1892, visant à détruire la statue de Thiers à Saint-Germain-en-Laye, a été supervisé par un indicateur de la police. Il faut se souvenir qu'à l'époque, l'infraction d'association de malfaiteurs n'existait pas encore. Il fallait donc que le crime soit tenté ou commis pour être punissable.

» Émile Henry, ce fut tout autre chose, une autre logique meurtrière. La première fois que nos routes se sont croisées, c'était fin mai 1892. La police l'avait arrêté, ainsi que son frère, pour la possession de quelques tracts anarchistes et d'un petit fascicule sur la fabrication d'explosifs. Rien qui me permît de le garder en prison. Du reste, c'était son frère, à l'époque, qui m'intéressait.

» Émile n'était qu'un petit poisson. Comment aurais-je pu deviner qu'il serait impliqué, six mois plus tard, dans un attentat à la bombe ? Comment pouvais-je imaginer que ce jeune homme timide, parfaitement éduqué, allait devenir un terroriste sanguinaire ? Je n'ai cependant jamais été convaincu par sa version de l'attentat de la rue des Bons-Enfants. Il connaissait trop de détails de l'affaire pour en être totalement étranger mais quand, en 1894, il avoua avoir seul fabriqué et posé la bombe, j'ai toujours pensé qu'il mentait pour sauver les quatre anarchistes que j'avais inculpés[1].

1. Le 8 novembre 1892, une bombe était découverte dans un immeuble parisien, devant la porte des bureaux de la Société des mines de Carmaux. Cette société était à l'époque confrontée à un mouvement de grève particulièrement virulent. La bombe fut transportée au commissariat de police de la rue des Bons-Enfants où elle explosa en tuant cinq policiers. Le 23 février 1894, à ma grande surprise, Émile Henry, alors détenu pour l'attentat du Café Terminus, avoua les faits du 8 novembre en disculpant les autres personnes poursuivies.

» Émile Henry pouvait bien prendre cet attentat à son compte, ça ne changeait rien au sort qui l'attendait. Il avait commis bien pire au Café Terminus. Ce n'était pas le nombre de morts qui importait mais la signification du crime. Le 12 février 1894, rompant avec la tradition anarchiste des attentats ciblés contre les représentants de l'État oppresseur, Émile Henry créa le terrorisme aveugle. Il avait décrété que le peuple était coupable de sa propre servitude et qu'il fallait lui ouvrir les yeux en le terrorisant. Pour faire bouger la masse amorphe, il fallait la saigner. Entrant de plain-pied dans la quatrième dimension du crime, il avait frappé au hasard, dans le Café Terminus. Arrivé avec sa bombe à 20 h 30, il attendit une demi-heure que le café se remplisse, puis jeta son engin meurtrier en direction de l'estrade. La bombe, fort heureusement, heurta un lustre et explosa à distance de l'endroit où la foule était la plus compacte. Il y eut un mort et une vingtaine de blessés.

CHAPITRE DIX-HUIT

» Ce matin-là, je m'étais levé de bonne heure après une nuit agitée. Mon excitation était à l'image de l'effervescence inhabituelle qui régnait dans les couloirs du Palais. Pour calmer mon esprit je décidai de marcher le long de la Seine, sous un beau soleil d'hiver. Le ciel était entièrement bleu. Paris reprenait son souffle. Le fleuve avait des reflets argentés. En remontant vers la conciergerie, j'entendis les appels chaloupés d'un vendeur de journaux : « Émile Henry déferré. Toute l'histoire du nouveau Ravachol ! Demandez *Le Figaro* ! »

» Cette petite balade matinale m'avait mis en forme. Maintenant j'étais impatient d'en découdre. Mon greffier était déjà là, impatient lui aussi. À 8 heures précises, Émile Henry fut conduit dans mon bureau. Je lui avais épargné une attente trop longue à la souricière. Je lui fis retirer les fers et l'invitai à s'asseoir devant moi. Il caressait son poignet droit par des gestes circulaires de sa main gauche, comme pour apaiser les derniers vestiges de la marque du métal froid sur sa peau. Il semblait parfaitement calme, maître de lui. Ses gestes étaient gracieux et son allure avait quelque chose de nonchalant et de souple qui le rendait assez beau. La jeunesse de son visage compensait la dureté de ses yeux. Le plus remarquable dans sa physionomie était sans conteste ce front carré et plat qui retirait toute rondeur au personnage. J'avais rarement vu un crâne aussi carré.

— Bonjour. Vous vous appelez Émile Henry. Vous êtes né le 26 septembre 1872 à San-Martin-de-Provensals en Espagne. Vous êtes fils de Fortuné Henry et de Rose Caubet. Est-ce exact ?

— Oui.

— Votre père a pris part au mouvement insurrectionnel du 18 mars 1871. Il a été élu membre de la commune dans le 10e arrondissement. Le 22 mai 1871, il a pris la fuite et a rejoint l'Espagne. C'est d'ailleurs pour cette raison que vous êtes né là-bas. Il a cependant été condamné à mort par contumace pour attentat contre l'État.

— C'est exact, pour attentat contre l'État. C'est assez drôle quand on y pense. Vous devez croire que c'est de famille.

— Pour l'instant, je ne crois rien. J'essaie de souligner certains aspects de votre vie qui ont sans doute eu de l'importance dans votre cheminement.

— Oui, je vois, du genre « les chiens ne font pas des chats ». Mais je vous l'accorde. Effectivement, mon père a pris la défense des libertés contre l'État oppresseur.

— Tout comme vous ?

— Disons que j'ai essayé d'être digne de lui.

— Bon, nous verrons cela plus tard. Je voudrais continuer à décrire votre parcours. Vous avez donc vécu en Espagne jusqu'en…

— Début 1882, je crois. Mon père a bénéficié de la loi d'amnistie des communards et toute la famille est revenue à Paris. Mais mon père est mort en mai des suites d'un empoisonnement au mercure. Il avait travaillé dans les mines à Carthagène. On s'est retrouvé sans rien. Et puis, la belle-sœur de ma mère, la marquise de Chamborand, nous a aidés. J'ai pu poursuivre mes études à l'École de Fontenay-sous-Bois.

— Oui, vous étiez un élève brillant, remarquable. Vous passez un concours et vous obtenez une bourse qui vous permet d'entrer à l'École Jean-Baptiste-Say d'Auteuil. Vos résultats sont excellents et, en 1889, vous êtes admissible à l'École Polytechnique, mais vous ne vous présentez pas à l'épreuve orale du concours d'entrée.

— Je ne voulais pas devenir militaire. Les militaires tuent des pauvres gens. Le 1er mai 1891, l'armée fit feu sur les manifestants. Des enfants périrent sous les tirs de la République. Je fus très marqué par ce carnage. La simple vue d'un uniforme me donnait des nausées. Je voulais juste disparaître, n'être plus un pion dans votre jeu. Je n'avais aucune idée de vengeance. Je n'aspirais qu'à travailler dans mon coin, m'occuper des autres, trouver une jolie femme, faire des enfants, vivre le plus tranquillement possible une vie moins détestable que celle que la plupart des êtres humains. La vie était devenue à mes yeux une tartine de merde. J'étais intelligent, travailleur. Je voulais faire mon trou, tranquille, mais sans renier mes idées. Et puis je suis tombé amoureux. Et mon idéal d'amour a volé en éclats. Je restais lucide pourtant. Il me fallait gagner ma vie. Gagner sa vie ! Quelle terrible expression ! Mon cousin Bordenave me proposa un emploi de secrétaire. Secrétaire, ça ne voulait rien dire. Mais l'entreprise était belle. Mon cousin exploitait des brevets d'invention dans le domaine des ponts et chaussées. J'étais passionné par les ponts et chaussées. J'y vis mon avenir tout tracé : construire, construire.

— J'ai entendu votre cousin Bordenave. Il m'a dit que vous étiez un employé modèle, toujours disponible.

— Et voilà ! Toujours disponible, toujours disponible, mais pour quoi ? Pour qui ? Toujours disponible, vous voudriez que nous le soyons tous, toujours disponible pour faire tourner la machine. C'est cela qui me fit chavirer.

— Non, c'est votre frère qui vous fit chavirer, avec ses idées révolutionnaires,

— Oui, ce fut mon frère, mais ce ne furent pas des idées révolutionnaires. Ce ne furent que des idées sublimes, évidentes, irrésistibles.

— C'est en cette année 1891 que vous avez rejoint le mouvement libertaire.

— Libertaire ! Un mot et rien de plus. Mon frère me fascinait. Il avait un peu remplacé mon père. Vous ignorez ce que c'est d'avoir dix ans et de voir son idole mourir de convulsion sous l'effet du mercure. Mon père avait travaillé dans des mines espagnoles pour enrichir ses patrons et il en est mort. J'avais dix ans. Je fantasmais mon père. Je n'étais pas né en France parce qu'il en avait été chassé. Et quand il revint enfin dans son pays, il mourut. Nous fûmes réduits à la misère. Notre famille nous aida et nous pûmes faire face, soi-disant, sauf que quelque chose s'était brisé en moi. Je n'avais plus confiance. J'avais l'impression de traîner dans le désert depuis des semaines. Alors toute la rage accumulée est sortie de moi. Elle était déjà bien ancrée dans l'esprit de mon frère. Ce monde ne nous plaisait pas, ce monde ne nous convenait pas. Il nous était inconnu, hostile. Mon frère voulait le détruire. Moi, je n'osais pas. J'avais peur. Je voulais encore être le petit garçon paisible, soucieux de bien faire, aimable avec tout le monde. Je voulais faire plaisir à ma maman. Mais je crois que lorsque mon père est mort, mon destin s'est scellé. Je n'ai jamais rien fait d'autre que de vouloir lui ressembler. Vous êtes juge, vous ne comprendrez jamais rien. Et même si vous compreniez, vous ne pourriez rien faire, enfermé dans vos barrières, vos fils barbelés institutionnels, vos lois, vos règlements, tout ce qui oppresse ceux qui ne demandent qu'à vivre et être heureux. Réfléchissez, réfléchissez, vous représentez le monde éteint, le monde qui impose ces règles absurdes faites sur mesure pour quelques-uns en prétendant vouloir le bonheur pour tous. Moi, je me moque de mourir si c'est pour quitter un monde aussi laid.

» Ouf… Il me fallut une grande respiration. Mon greffier avait les doigts en feu à force de tenter de suivre ce discours foisonnant. Il n'en rata pas une miette, merci à lui. Quant à Émile Henry, allait-on lui couper la tête ? Que pouvais-je répondre ? Le monde est cruel et injuste. Qui ne le sait ? Et pour autant, doit-on considérer que ceux qui l'affirment, que ceux qui le combattent sont des justes sous prétexte qu'ils y mettent un peu plus de sang, de larmes et de chaos ? Il y a une chose qu'Émile ne comprenait pas. C'est qu'il avait vingt-deux ans et que j'étais plus vieux que si j'avais eu mille ans. Tous les idéologues qui ont voulu parfaire le monde, changer la planète, n'ont réussi qu'à l'obscurcir et à le dégrader. Émile Henry était un pionnier du désespoir. D'autres viendraient après lui, des communistes, des évangélistes fondamentalistes, des islamistes, et que nous réserve demain ?

— 28 mai 1892, Monsieur Henry, vous participez à un meeting de soutien à Ravachol. Votre frère Fortuné y appelle ouvertement à tuer des bourgeois, n'importe lesquels. Je lance un mandat d'arrêt contre lui. On croit le trouver chez vous. Il n'y est pas mais on y découvre des tracts anarchistes qui appellent à la violence. À l'époque, ce n'est pas encore une infraction. Vous êtes conduit au dépôt. Je vous libère sans même vous avoir vu. Vous n'aviez pas enfreint la loi mais c'était tout comme.

— Oui, c'était tout comme. Et même si j'étais innocent, comment croyez-vous que les choses se passèrent ? Mon employeur me congédia en cinq minutes. Il m'aimait bien, cela dit. Il m'a dit que j'étais un employé exemplaire. Mais bon, de là à faire travailler un anarchiste ! Je me retrouvai sans rien. Je vécus trois mois dans une misère totale. Vous ne savez pas ce que ça fait. Vous ne savez pas ce qu'on ressent, quand on se retrouve seul, sans maison qui vous attend, comme un parfait étranger, comme une pierre qui roule. Non, vous ne savez pas[1].

1. Un célèbre chanteur-auteur-compositeur américain, sans le vouloir, popularisa cette tirade d'Émile Henry bien plus tard.

— Il est vrai que cette arrestation vous a coûté votre emploi mais vous auriez pu vous ressaisir. Au contraire, vous refusez de faire votre service militaire. Nous sommes en 1892. Tout aurait pu encore rentrer dans l'ordre, si seulement…

— Quel ordre ? Le vôtre ? Je vous ai déjà dit que l'armée me faisait horreur. Je n'ai pas intégré Polytechnique car je ne pouvais pas supporter d'être militaire.

— Oui, mais du coup vous vous retrouvez avec un mandat pour désertion.

— Quelle importance ? J'avais déjà décidé de ne pas jouer votre jeu.

— Qu'est-ce qui vous gênait dans la carrière militaire ?

— Tuer des gens.

— Et pourtant, c'est bien ce que vous avez fait, tuer des gens.

» Émile Henry se pinça la lèvre inférieure. Malgré mes siècles d'expérience, je laissai parfois échapper un mot malheureux. Il faut prendre soin à ne pas mettre les criminels face à leurs contradictions les plus criantes. J'avais oublié, en l'écoutant, qu'Émile Henry n'avait que vingt-deux ans. C'était un enfant. Il s'écoutait parler, je l'écoutais parler, mais c'était fragile. Dans le silence de mon cabinet, loin des fureurs des bombes et des meetings, j'arrivais à instaurer une paix relative dans un univers feutré. Parfois, cependant, une seule parole suffisait à briser la magie. C'était souvent long à rétablir.

— Pardonnez-moi, je ne voulais pas vous interrompre, mais je ne pouvais manquer de vous faire remarquer ce paradoxe. Oui, vous avez tué.

— Quel rapport avec l'armée ? J'ai tué des gens parce que c'était nécessaire pour faire fleurir un monde meilleur. Les militaires tuent pour maintenir un ordre ancien, illégitime, oppresseur et contre-nature.

— Franchement, j'arrive à comprendre la logique de l'attentat de la rue des Bons-Enfants mais pour le Café Terminus, j'en perds mon latin. J'ai eu devant moi Ravachol et Vaillant. Ils estimaient légitime de s'en prendre aux détenteurs du pouvoir. Mais quel est le sens à donner à une bombe lancée sur de pauvres gens qui viennent après le travail boire une bière ou un café ? Et puis, pourquoi le Café Terminus ?

— Terminus, tout le monde descend !

— Bravo ! Très drôle. Est-ce vraiment tout ce que vous avez à dire sur le sujet ?

— Tout ce que j'ai à dire ? Certes non, je pourrais parler toute la nuit. Par exemple je pourrai parler de ce Président, Sadi Carnot. C'est lui que je voulais tuer ce jour-là. Je ne savais même pas que le Café Terminus existait. J'avais pris ma bombe à mèche sous le bras et je me suis dirigé vers le Palais de l'Élysée. Je n'ai pas pu y entrer.

— Pourquoi vouliez-vous tuer le Président ?

— Pourquoi me posez-vous cette question absurde ? La réponse est évidente. C'est le Directeur du cirque, non ? N'est-ce pas lui qui a gracié Baïhaut et plusieurs autres crapules impliquées dans le scandale de Panama ? Sur ce coup-là, vous avez vraiment bossé pour rien. Par contre, le bon Sadi Carnot n'a pas voulu gracier Vaillant à l'âme pure.

— Ah, nous y voilà, c'est bien à cause de l'exécution de Vaillant que vous avez commis cet attentat dans le Café Terminus.

— Je reconnais qu'il y a un lien. J'étais fou de rage. Je ne passe pas mon temps à tuer les gens, mais là il fallait que je fasse quelque chose. Il fallait que j'agisse. Les mots ne suffisaient plus.

— Non, les mots ne suffisaient plus, il vous fallait agir. Cette fameuse propagande par l'action.

— Ça vous dérange, hein ? Ça vous dérange que l'on ne se contente plus de discours qui n'en finissent pas. Oui, la propagande par l'action, oui le terrorisme, oui faire quelque chose qui bouscule pour de bon votre petite société injuste !

— En tuant des innocents ?

— Il n'y a pas d'innocents. La masse est responsable de son asservissement puisqu'elle ne réagit pas. La masse continue à étaler du beurre sur des tartines au Café Terminus comme si Vaillant n'avait pas eu la tête coupée. Et dire que pour ces Petits Cochons Vaillant est mort ! Mais ne vous trompez pas, j'aime les gens, j'aime le peuple. J'en suis issu. Je veux son bonheur mais il est avili, amorphe. Il faut le faire réagir.

— En somme, vous aimez tellement les Petits Cochons que vous pourriez les étrangler de vos propres mains !

» Mauvais, j'étais mauvais ! Émile Henry allait se refermer comme une huître. Mon travers, toujours le même, qui m'empêchait de retenir mes petites phrases. Heureusement, Émile Henry avait envie de parler. Il me regarda curieusement, comme s'il me découvrait, et se mit à chanter :

— Dansons la Ravachole, vive le son, vive le son / Dansons la Ravachole, vive le son d'l'explosion.

» J'applaudis par défi. Puis je relançai la machine.

— Dites-moi, monsieur le poète, qu'avez-vous pensé quand, spontanément, de petits employés, encore plus traîne-misère que vous, vous ont coursé à la sortie du Café Terminus ?

» Émile Henry ne vit pas le piège. Il ne sentit même pas l'ironie de mes propos. Il était tout à son fantasme.

— Je me suis dit qu'ils méritaient leur sort. Je me suis dit que l'on peut tuer la moitié de l'humanité si c'est pour sauver l'autre moitié.

— Et vous étiez bien parti ! Vous avez tiré à bout touchant sur l'employé Étienne qui tentait d'arrêter votre fuite. Vous avez fait de même avec un coiffeur qui tentait de stopper votre course, sans oublier le policier sur lequel vous avez tiré à trois reprises avant qu'il ne parvienne, avec l'aide de ses collègues, à vous immobiliser enfin.

— Je vois où vous voulez en venir, mais ne vous fatiguez pas. Je sais très bien que j'aurais pu tuer beaucoup plus de monde Mon seul regret est précisément de pas avoir réussi à le faire. J'avais envisagé que ma bombe tuerait au bas mot une quinzaine de personnes. C'était le but, tuer le plus de monde possible, car c'est sur ce critère que l'on juge de la réussite d'un attentat.

— Dans ce cas, ce fut un fiasco. Un petit mort en tout et pour tout. Même ceux sur lesquels vous avez tiré à bout portant s'en sont tirés. C'est à se demander si ça valait le coup. Heureusement qu'en 1892 vous aviez déjà tué cinq personnes dans l'attentat de la rue des Bons-Enfants. Sinon votre tableau de chasse serait un peu maigre.

— C'est bon, je sais très bien que pour la rue des Bons-Enfants, ma tête ne vous suffit pas. Pourquoi ne voulez-vous pas vous en contenter ? Elle n'est pas assez bonne pour vous ?

— Oh si, elle est bien faite et bien remplie. C'est juste une déformation professionnelle : j'aime connaître la vérité.

— Oui, c'est vrai, et c'est bien la seule chose qui vous rende sympathique.

» Cette dernière phrase d'Émile Henry est restée dans ma mémoire. J'y pense souvent. Émile Henry fut décapité le 22 mai 1894. À cette époque, je devais assister aux exécutions. C'était une résurgence du lieutenant criminel qui devait être là, jusqu'au dernier instant, pour recueillir si besoin les ultimes confidences du condamné. Je me suis donc retrouvé à la prison de la Grande-Roquette pour accompagner Émile Henry jusqu'à l'échafaud. Ni le Président de la Cour d'assises, ni le procureur ni l'avocat général n'étaient présents. Le Directeur de la maison d'arrêt dirigeait le cérémonial. Émile Henry n'eut aucune parole à mon intention. Il m'ignora totalement. Comme étaient présents autour de l'échafaud quelques journalistes accrédités, Émile Henry, pour faire bonne mesure, lança avec toute la conviction dont il était encore capable un « vive l'anarchie » pathétique.

» Je mis du temps à me remettre de l'exécution d'Émile Henry. J'avais pourtant assisté à tant de mises à mort ! Je ressentais l'impression diffuse d'un changement d'époque, la naissance d'un siècle où le crime ne serait plus l'apanage des seuls criminels. Le 24 juin 1894, à Lyon, l'anarchiste italien Caserio vengea Émile Henry en réalisant son projet. Il assassina le Président Sadi Carnot. Curieusement, cet assassinat marqua la fin du mouvement terroriste anarchiste. La République avait survécu. La terre tournait toujours autour de son axe. L'âme d'Émile Henry était partie on ne sait où. Un matin, je suis allé beurrer des tartines au Café Terminus. Le monde capitaliste poursuivait son expansion. Sa route s'arrêta en 1914. Aucun crime anarchiste n'égalera ceux commis dans la parfaite légalité de l'état de guerre.

» Et moi, petit soldat, je poursuivis ma route dans le siècle nouveau.

CHAPITRE DIX-NEUF

— Patron ?

— Vous m'appelez encore Patron ?

— Je vous appellerai toujours Patron. Mais maintenant il faut partir.

— Il faut partir… vraiment ? C'est vraiment terminé ? Et que vont-ils faire sans moi ? Croient-ils qu'ils pourront garder leurs privilèges sans gardien des privilèges ?

— Ils en sont persuadés. Ils disent qu'ils vont les faire fructifier. Ils ont déjà voté une loi du 4 août à l'envers, rétablissant tous les privilèges. Ils ne paieront plus d'impôts. Ils feront comme bon leur semble. Ils sont décomplexés. C'est comme ça qu'ils disent, décomplexés. L'argent sera leur seule loi.

— As-tu fait ce que je t'ai demandé ?

— Oui, rassurez-vous, Elle est libre. Je lui ai ouvert la porte du Château à l'aube naissante. Il fallait la voir, resplendissante, tout étonnée. Je lui ai donné les clés de l'appartement. Je lui ai dit que vous pensiez très fort à Elle. Et je lui ai demandé pardon en votre nom.

— Qu'a-t-Elle répondu ?

— Elle m'a dit que c'était à vous de lui demander pardon, personnellement, et non par conseiller interposé.

— Lui avez-vous expliqué la suite ?

— Oui, je lui ai tout dit et je vous assure qu'Elle est heureuse.

— Et nous, maintenant, que faisons-nous ?

— Patron, c'est à vous de voir. Soit on attend, soit on s'en va maintenant, sans plus tarder.

— Je ne sais pas. Avons-nous encore des amis ?

— Oui, plus que je ne pensais ; mais ils sont impuissants pour l'instant. La bonne nouvelle, c'est que peu de politiques ont accepté de marcher dans la combine. La plupart des ministres, députés et sénateurs ont refusé de rejoindre les ultras. Ils ont préféré être arrêtés et jetés dans les cachots du Château.

— Et l'ancien Président qui voulait le redevenir ?

— C'est une grande surprise. Lui aussi a refusé de participer au coup d'État.

— Ce n'est pas un coup d'État, c'est une Révolution de Palais. Jamais je n'aurais imaginé que la

Révolution puisse avoir lieu dans le Palais et non au-dehors. C'est le monde à l'envers. Et ceux qui font cela sont aveugles. Tiens, on devrait appeler leur coup de force la « Révolution des œillères ».

— Au-dehors aussi, ça gronde déjà. Quand Elle aura pris la tête de l'insurrection, le Château sera balayé au vent mauvais.

— Racontez-moi encore ce qu'a fait l'ancien Président qui voulait le redevenir. A-t-il vraiment refusé de s'allier aux ultras ?

— Ils le voulaient comme chef, mais il était plus républicain que vous ne pensiez.

— Et le Président en exercice ?

— Ils l'ont cherché en vain dans tout le Château. Il était parti en Afrique la veille au soir. D'après ce que j'ai compris, il va essayer de lever une armée au Mali et en Centrafrique pour reprendre le pouvoir.

— Quelle ironie ! Je préfère miser sur Elle. J'ai toujours su que c'était Elle qui nous sauverait. J'ai pu vous paraître ignoble et sans doute m'a-t-Elle détesté, mais je la gardais en réserve.

— En réserve de la République ?

— Aujourd'hui, vraiment, je n'ai pas envie de rire.

— Excusez, Patron. Alors que décidez-vous ?

— On s'en va. J'attendrai mon heure. Je n'ai pas envie qu'un cador du CAC 40 vienne m'arrêter avec le sourire aux lèvres. Je préfère prendre du recul. La suite va être sanglante. Les Petits Cochons vont réagir.

Tant qu'on leur a fait croire que c'étaient eux qui décidaient, que leur vote dessinait l'avenir du pays, ils se sont tenus tranquilles. Maintenant que les choses sont claires, que les argentiers ont pris le pouvoir, la vérité leur éclatera en pleine figure. Et je compte sur Elle pour le leur faire comprendre !

— Si j'en juge par l'éclat de ses yeux quand Elle a franchi les portes de Château, je pense qu'on va bien s'amuser.

— Une dernière chose, le PMJ ?

— Il est à l'abri, selon vos instructions.

CHAPITRE VINGT

De sa fenêtre, le PMJ avait une vue plongeante sur la Sorbonne. Il ne percevait pas un bruit. Le double vitrage était performant. Mais il devinait le tumulte du dehors. Les étudiants étaient massés sur la place. D'autres Petits Cochons les avaient rejoints, des infirmiers, des garçons de café, des secrétaires, des employés de bureau et même quelques robes noires venues de la Cité, quelques mètres plus loin. C'était la Révolution en marche. Tous pointaient vers le ciel des branches de mimosas. Comment étaient-elles arrivées là, ces touffes jaunes couleur du printemps ? Le PMJ fit une moue dubitative. C'était une révolution d'amateurs. Il n'y avait rien de plus beau que les mimosas en fleur mais dans deux jours à peine, les branches seraient marron et flétries. Quelle idée de choisir une fleur si périssable ? Le PMJ soupira puis parcourut des yeux la petite bibliothèque du salon. Il avait envie de lire mais sans aucun désir précis. Son regard s'arrêta sur *Beppo* qu'il avait lu dix fois. Et pourquoi pas ? C'était une lecture tellement rassurante et régénérante. Il se saisit du petit livre magique et s'installa dans un fauteuil de velours rouge.

Elle ouvrit la porte le plus doucement possible, se déchaussa pour éviter le moindre bruit et enroula lentement ses jambes l'une après l'autre, mesurant chacun de ses geste félins. Elle était un chat de dessin animé, sans rien en elle qui pèse ou qui pose. Ses pieds frôlaient à peine le sol. Elle semblait en apesanteur. Elle se voulait légère comme une plume pour le surprendre, approcher sans être vue ni entendue et, soudain, apparaître devant lui. À mi-chemin, elle s'en voulut de ne pas s'être dévêtue, de ne pas arriver nue devant lui. Maintenant c'était trop tard. Peu importait. L'essentiel était de surgir par magie. Elle ne voulait pas de grands discours, pas non plus de phrases hésitantes, de mots confus, encore moins convenus. Elle voulait des baisers, tout de suite, en guise de paroles et de retrouvailles. C'était tellement plus doux ainsi. Elle le vit dans le salon. Il lui tournait le dos. Il lisait dans son petit fauteuil, recroquevillé sur lui-même, tout à sa lecture. Elle retint sa respiration. La pièce était si silencieuse. À chaque pas, Elle le regardait. Il n'avait pas de réaction. Il était ailleurs. Elle eut une envie irrésistible de l'embrasser dans le cou.

Elle se rapprocha encore. Elle était si proche de lui maintenant qu'Elle entendait le bruit de la page qui se tourne. Et puis le PMJ se retourna soudainement avec un regard d'enfant surpris : Marianne !

Elle ne dit rien et l'embrassa à pleine bouche.

Il faisait encore nuit quand le PMJ se réveilla. À ses côtés, Marianne dormait paisiblement. Le PMJ retira délicatement la couette qui recouvrait le corps de son amoureuse. Dieu qu'elle était jolie ! Il n'y avait rien à jeter. Sur une île déserte, il faudrait tout emporter. Il sentit son cœur battre plus vite et décida de recouvrir Marianne pour qu'elle ne prenne pas froid. Mais c'était trop tard. Elle venait d'ouvrir ses grands yeux qu'elle posa sur le PMJ en guise de baiser.

— Bonjour, mon PMJ.

— Bonjour, Marianne, as-tu bien dormi ?

— Je n'avais pas aussi bien dormi depuis 1789. Je suis sur un nuage depuis hier. J'ai simplement peur d'en tomber.

— C'est pareil pour moi. Et c'est pourquoi, hier, je ne t'ai rien demandé. Je ne voulais pas gâcher notre instant magique par des questions. Je ne t'ai pas demandé ce que je faisais là, ce que tu faisais là, ce que nous faisions ensemble. Je ne t'ai pas demandé par quelle magie nous nous étions retrouvés dans les bras l'un de l'autre.

— Ne t'inquiète pas. Les réponses à tes questions sont simples, évidentes. C'est lui qui en a décidé ainsi.

— Le Patron ?

— Oui, le Patron, mais le Patron est aussi mon…

— Ton ?

— Ah, mon PMJ ! Tu ne vois pas ce qui crève les yeux. Le Patron, c'est mon père.

Le coup fut rude. Non, le PMJ n'avait jamais imaginé cela. Marianne était la fille du Patron. Mais il est vrai que maintenant beaucoup de points obscurs s'éclaircissaient. Il restait toutefois un doute affreux. Où voulait-il en venir ? Pourquoi l'avait-il libérée après tant d'années ?

— Je sais ce qui se passe dans ton beau petit crâne. Tu imagines déjà des manipulations, des stratégies, des complots. Il n'y a rien de tout cela. J'ai toujours été la préférée de mon père. Il m'a aimée et m'aime tendrement, mais j'ai refusé de lui obéir. J'ai refusé de me soumettre à sa volonté. Mon père a toujours estimé que la République était la meilleure solution, sauf qu'il la voulait sage et conformiste, une copie arrangée de la monarchie. Moi, j'étais tout feu tout flamme. Je voulais de la liberté, de l'égalité et de la fraternité pour tous. J'aimais les Petits Cochons. Ce n'était pas l'avenir qu'il avait choisi pour moi. Il voulait que je m'habille en robe de princesse et non en pantalon bleu-blanc-rouge. Il voulait que je porte une coiffe de plume et non un bonnet phrygien. J'ai refusé d'être son pantin. Il s'est fâché et m'a punie.

— En te séquestrant pendant plus de deux siècles ?

— Oui, mais tout cela est fini. Toi et moi, nous allons faire de grandes choses ensemble.

— De grandes choses qu'il a déjà programmées, je suppose. Très peu pour moi. C'est lui qui est aux manettes. C'est lui qui dirige tout depuis le début.

— Non, pas du tout, il a fui le Château ! Il ne cautionne pas ce qui se passe. Je t'en prie, crois-moi, je t'aime si fort.

Marianne avait les larmes aux yeux. Le PMJ se radoucit. Cette fois-ci, il n'allait pas tout gâcher. Peu importait le Patron, ce qu'il avait voulu ou espéré. Seuls importaient Marianne et son corps chaud à portée de main. Le PMJ la prit dans ses bras, la serra très fort, la couvrit de baisers et l'enveloppa de son corps.

Vers midi, Marianne s'habilla sous le regard du PMJ. Dehors, la masse des manifestants avait grossi considérablement. Le boulevard Saint-Michel était noir de monde. Marianne se sentait en pleine forme, amoureuse et combattante.

— S'il te plaît, viens avec moi.

— Pour quoi faire ? lui répondit le PMJ. Ce n'est pas ma place. C'est toi qu'ils aiment. Moi ils me craignent, c'est très différent. Partout où je vais, je casse l'ambiance. Je suis celui qui cherche, qui arrête, qui emprisonne et qui détruit les vies.

— Tu sais bien que nous n'arriverons à rien si nous ne sommes pas soudés. La République a plus que jamais besoin de justice.

— Je sais, mon trésor, et je serai toujours là quand tu auras besoin de moi, mais il ne faut pas que je me montre pour l'instant. Un juge dans une Révolution devient très vite un Saint-Just. Je connais mes limites.

— Tu as peut-être raison, admit Marianne, soudain pensive. Dans ce cas, reprit-elle avec un large sourire, c'est toi qui prépares le dîner !

— Oui, mais reviens vite. Je vais me faire un sang d'encre.

Marianne se maquilla rapidement, juste un peu de fond de teint et de crayon noir. Elle était superbe, sans doute encore plus belle qu'en 1789. Le PMJ eut un serrement au cœur.

— Ça va aller, mon trésor ? lui demanda-t-il.

— Ne t'en fais pas, ça ira, ça ira, ça ira.

Le PMJ regarda la porte se refermer sur la silhouette envoûtante de Marianne et se mit à chanter : « Dieu, mais que Marianne était jolie quand elle traversait les rues de Paris en chantant à pleine voix… ça ira, ça ira… toute la vie[1]. »

---

1. Un grand merci à Michel Delpech.

ÉPILOGUE

— Docteur, je viens vous faire mes adieux. Je raccroche les gants.

— Raccrocher les gants, après plus de cinq siècles !

— Précisément, j'ai bien plus d'annuités que nécessaire. Je vais pouvoir partir à la retraite à taux plein.

— Mais qu'est-ce que vous allez faire ?

— J'ai pour projet d'écrire mes mémoires. Mais je vais surtout m'occuper de Marianne. Avec un peu de chance, on fera un bébé, une VIe République.

— Félicitations. Voilà un superbe projet. En tout cas, ça signifie que vous êtes guéri.

— Je ne sais pas.

— Si, vous êtes guéri. Mais puisque c'est la dernière fois, partez sur une note douce. Racontez-moi une histoire, une dernière histoire, quelque chose qui vous a rendu heureux. De toutes vos aventures, il y en a bien une qui vous a rendu heureux.

— Comme un enfant ?

— Oui, comme un enfant, exactement.

— C'est vrai. Je m'en souviens. J'étais juge d'instruction dans la Somme, sur cette terre qui a bu plus de sang que l'on pourra jamais imaginer. Je mangeai la vie. Mon travail me passionnait. Je voulais la justice. Les lois étaient faites pour servir mon idéal. Je me levais, chaque matin, heureux de ce que j'allais accomplir et je me couchais heureux de ce que j'avais accompli. L'histoire que je vais vous raconter est très simple. C'est juste une histoire de Petits Cochons. Il n'y a pas de Château, pas de Patron, pas de puissants, juste la justice et moi, en tête à tête. Nous étions en 1991. La France me faisait encore confiance. J'avais la plénitude de mes pouvoirs. Le juge des libertés et de la détention n'existait pas encore. Je me foutais de rouler en Clio un litre quatre. Je n'avais pas besoin d'argent, j'avais le désir, j'avais l'envie. Un vieux Petit Cochon s'était fait voler. Jusqu'ici rien de bien original, me direz-vous. Ce vieux Petit Cochon vivait dans une maison de paille des plus ordinaires. Il n'avait pas confiance dans le monde complexe qui l'entourait. Les assurances, les cotisations et les comptes en banque représentaient un univers qui l'effrayait. Il cultivait son jardin, voilà tout, comme Voltaire nous avait conseillé de le faire. Pendant toute sa vie, il avait travaillé. Son métier était de ceux dont on n'aime pas parler : croque-mort.

» Le vieux aurait plu à Brassens. Après l'inhumation, il lui arrivait de payer un coup à boire à la veuve et l'orphelin. Tout le monde le connaissait et tout le monde l'aimait, malgré son côté bourru. Il était pour tous le mange-mort de Picardie. À l'âge de soixante ans, il prit sa retraite et vécut de son potager, sa maigre pension et ses économies. Dans la région, tout le monde savait qu'il gardait son argent chez lui. Il avait été contraint d'ouvrir un compte en banque pour une histoire de prêt immobilier mais il préférait garder son pécule à domicile.

» Vingt années passèrent ainsi. À quatre-vingts ans, le vieux fut hospitalisé brièvement. Ce n'était qu'une mauvaise grippe mais quand il revint chez lui, toutes ses économies avaient disparu, plus de 80 000 francs. C'était tout ce qui lui restait pour vivre. Sa retraite de croque-mort lui aurait à peine suffi pour payer ses propres obsèques.

» Je fus saisi de l'affaire. C'était une petite affaire de rien du tout. Mais voilà, les gendarmes avaient arrêté un Petit Cochon en marge de la société, un buveur de vin invétéré qui avait été surpris sortant de chez le croque-mort par une fenêtre fracturée, un sac en bandoulière. Les témoins étaient formels. Ils l'avaient bien reconnu puisqu'ils le connaissaient déjà. Le voleur s'appelait Léon. En garde à vue, il nia l'évidence. Le procureur ne savait que faire. Ce n'était qu'un vol parmi d'autres mais ce que Léon avait volé représentait une vie entière de labeur à enterrer les morts des autres. Alors le procureur décida de mettre le paquet et ouvrit une information judiciaire. L'objectif était de retrouver le magot. Nous avions le voleur mais pas le butin.

» Je fus très touché par cette histoire. Je fus touché par ce vieux mange-mort d'une autre époque. Malheureusement, j'étais confronté à un mur. Léon ne voulait rien savoir. Il n'avait rien fait, un point c'est tout. Son avocat essaya bien de lui faire entendre raison. Après tout, il n'y avait pas mort de Petit Cochon. C'était juste un vol et le Tribunal serait plus clément s'il rendait l'argent. Mais Léon, qui devait certainement avoir quelques ancêtres bretons venus ramasser les betteraves, préférait rester en prison que de rendre le fruit de son larcin. Ce n'était pas une affaire d'État. Aucun journaliste ne s'y intéressait. Elle devint pourtant à mes yeux l'affaire la plus importante de mon cabinet.

» Il faut dire que le vieux dépérissait. Maintenant il avait peur de tout. Il se barricadait chez lui comme s'il craignait une attaque de zombies. J'appris de plus avec tristesse que sa maison n'était pas intégralement payée. Chaque mois, il prélevait quelques espèces de son bas de laine qu'il apportait à la banque pour honorer la mensualité de son prêt. Le banquier avait bien essayé de lui faire déposer son argent sur un compte mais avait essuyé un refus catégorique. L'inévitable approchait à grands pas. Le vieux ne payait plus le crédit.

Sa maison allait être saisie. Son banquier était aussi le mien et un jour il m'expliqua son cas de conscience. Il pouvait retarder quelque peu l'échéance mais rien de plus. Une banque n'était pas un service social.

» La seule solution était de retrouver le magot. Je n'en dormais plus. Autour de moi, personne ne comprenait. C'était une affaire insignifiante qui ne valait pas la peine de se mettre la rate au court-bouillon. Le procureur m'invita à déjeuner et tenta de me rendre un peu plus philosophe ! « Nous faisons notre possible, me dit-il, mais à l'impossible nul n'est tenu. Je vous conseille la ficelle picarde. Elle est excellente. »

» Pendant ce déjeuner j'eus une idée qui me parut évidente, lumineuse.

» Noël approchait. Je dis à ma greffière que nous allions tenter le tout pour le tout mais qu'il était probable que son réveillon s'en trouverait compromis. J'étais moi-même attendu pour la fête. Pourtant je mis en branle mon stratagème. Je devais tenter le coup.

» Le 24 décembre à 14 heures, je fis extraire Léon de la maison d'arrêt d'Amiens et le fis conduire à mon cabinet, à Péronne. Son avocat, convoqué lui aussi, était venu protester deux jours auparavant. Était-il bien nécessaire d'interroger son client un 24 décembre au risque de laisser refroidir la dinde ? Je lui avais alors exposé mon plan et il avait été séduit par l'idée.

» Léon se retrouva dans mon bureau, la mine renfrognée. Je me mis à lui parler de la magie de Noël, des contes pour petits et grands. Je pris du temps, beaucoup de temps, et un miracle se produisit : Léon se mit à parler. Il me parla de ses parents, de ses frères, de ses sœurs, de la cousine qu'il aimait bien. Il était ému. C'était palpable. Il revivait les seuls moments heureux de sa vie. J'avais l'impression qu'il avait six ans de nouveau et qu'il préparait une collation pour le père Noël. Il était temps de passer à l'attaque.

— D'après ce que j'ai compris, votre mère est toujours vivante. Avec qui va-t-elle passer Noël cette année puisque vous êtes en prison ?

» Il me regarda avec stupeur. Il ne s'attendait pas à ça. Sa mère était seule, toute seule. Il était son dernier fils et je le savais parfaitement.

— Avec personne, m'a-t-il répondu.

— Et pourquoi pas avec vous ?

» Son regard devint interrogatif, sans aucune morgue. Juste un regard de détenu qui m'implorait : « Libérez-moi, libérez-moi. »

— Noël est une fête pour tous, oui ou non ?

— Oui.

— Pour vous et votre mère, ou pour tous ?

— Pour tous.

— Alors voilà ce que nous allons faire tous ensemble. Vous allez nous conduire à l'endroit où vous avez caché l'argent. Nous irons ensuite chez le vieux pour lui rendre son argent. Puis nous reviendrons au Palais et je vous libérerai. Ce soir, vous passerez un merveilleux Noël aux côtés de votre mère. Vous êtes d'accord ?

» Le voleur jeta un regard vers son avocat qui opina de la tête et il me répondit :

— C'est d'accord.

» Il était déjà 17 heures quand nous partîmes, moi, ma greffière, le substitut de procureur et les gendarmes en direction de la ville de Ham[1].

» Je pris juste le temps de passer un coup de téléphone à l'adjudant-chef de la brigade de gendarmerie locale pour le prévenir. Il voulut être de la fête. Sur la route entre Péronne et Ham, je pensai à ce que j'étais en train de faire. C'était ni plus ni moins ce que l'on me reprochait de façon récurrente : utiliser la détention provisoire pour obtenir des aveux. Sans doute, mais en attendant, le voleur nous conduisait jusqu'au magot. Il l'avait enterré au pied d'un arbre. J'éprouvai un sentiment de toute-puissance quand il me tendit la sacoche contenant le butin. Il y avait des liasses de billets mais aussi quelques pièces d'or, principalement des louis et des napoléons. Il nous restait maintenant à rendre l'argent à la victime. L'adjudant-chef voulut passer chez lui pour enfiler un costume de père Noël. Il en avait loué un pour faire un grand show à ses

1. « Ham », comme le jambon, en anglais. Cette ville existe bel et bien. Je ne l'ai pas choisie sous prétexte qu'il s'agit d'une histoire de Petits Cochons.

petits-enfants. Je trouvai que c'était un peu exagéré mais il y tenait absolument. Ce fut donc un adjudant-chef habillé en père Noël qui sonna à la porte du vieux croque-mort, tandis que l'avocat de Léon ne cessait de répéter : « J'y crois pas, j'y crois pas. » Il fallut un peu de temps pour expliquer au vieux Petit Cochon la situation. Il n'accepta de nous ouvrir sa porte que lorsqu'il comprit que l'adjudant-chef de Ham et le père Noël ne faisaient qu'un. Nous dûmes également lui jurer qu'il n'y avait aucune caméra cachée. Il nous invita à entrer chez lui et sourit de toutes les dents qui lui restaient en voyant son pactole. Léon s'approcha pour s'excuser. Puis nous nous mîmes à compter et à établir le procès-verbal des restitutions.

» Nous ne rentrâmes au Palais que vers 20 heures. L'adjudant-chef avait absolument tenu à nous inviter à boire un verre. L'avocat était totalement pompette. Ma greffière ne valait guère mieux. Nous pûmes néanmoins faire la paperasse pour libérer notre voleur. Le greffe de la maison d'arrêt incendia ma greffière par téléphone. Quelle idée de libérer un détenu le 24 décembre au soir ! Ça retardait le réveillon de tout le monde.

» Pour ma part, je parvins à rejoindre mes proches peu avant minuit. Une coupe de champagne m'attendait. J'étais le roi. J'étais le plus heureux des juges.

— Et vous étiez le père Noël !

— Oui, la Justice est comme le père Noël : elle n'existe que si l'on y croit comme un enfant.

BIBLIOGRAPHIE

Voici quelques ouvrages dont je conseille la lecture et qui m'ont été utiles pour écrire ce livre :

Henri Roland et Laurent Boyer, *Locutions latines et adages du droit français contemporain*, Éditions L'Hermès, novembre 1978.

Jean-Marie Carbasse, *Histoire du droit pénal et de la justice criminelle*, P.U.F., décembre 2000.

Robert Allen, *Les Tribunaux criminels sous la Révolution et l'Empire*, Presses universitaires de Rennes, 2005.

Philippe Boucher, *La Révolution de la justice, Des lois du roi au droit moderne*, Éditions Jean-Pierre de Monzal, 1989.

Jean-Jacques Clère, Jean-Claude Farcy (dir), *Le Juge d'instruction, approches historiques*, Éditions universitaires de Dijon, collection « Institutions », 2010.

Walter Badier, *Émile Henry, de la propagande par le fait au terrorisme anarchiste*, Les Éditions Libertaires, décembre 2007.

Jean Maitron, *Ravachol et les anarchistes*, Julliard, collection « Archives », 1964.

Idem., *Le Mouvement anarchiste en France*, Gallimard, collection « Tel », 1992.

Roland Gaucher, *Les Terroristes de la Russie tsariste à l'O.A.S.*, Albin Michel, 1965.

Et, bien entendu, diverses versions des *Trois Petits Cochons*.

REMERCIEMENTS

Et de trois… Je voudrais remercier tous ceux qui m'ont inspiré ce livre, tous les Petits Méchants Juges mais aussi les Petits Méchants Procureurs et les Petits Méchants Policiers qui font de leur idéal de justice leur principale ambition. Parmi eux, je pense en particulier à Gilbert Thiel qui sera resté jusqu'au bout fidèle à lui-même. Merci, monsieur le Juge, d'avoir bien rendu la Justice.

J'ai une pensée pour mes collègues de l'Association française des magistrats instructeurs dont je fus le président aux heures sombres de la résistance et pour Claire, ma greffière, qui fut un soutien inestimable pendant cette période très difficile. Ma femme et mes enfants ont également toujours été présents. Avec eux, il n'est nul besoin de docteur Bleuler. Ils sont ma médecine quotidienne.

Et puis un grand merci à Karina Hocine, Muriel Hees et Caroline Laurent pour leurs conseils avisés. Merci également aux Éditions Lattès d'avoir accepté de publier ce livre qui me tient particulièrement à cœur.

Mais le meilleur moment arrive, la promotion du livre avec Emmanuelle Allibert. Je soupçonne quelques auteurs de Lattès de n'écrire des livres que pour avoir Emmanuelle comme attachée de presse.